T0329429

The Cambridge Modern German Series
General Editor: G. T. UNGOED, M.A.

DIE FAMILIE BUCHHOLZ

JULIUS STINDE

DIE FAMILIE BUCHHOLZ

Edited by

G. H. CLARKE, M.A.

Officier d'Académie

Head Master of the Acton County School

Joint author of *A German Grammar; A School Grammar of Modern French; English, a Modern Grammar*

Cambridge:

at the University Press

1914

CAMBRIDGE
UNIVERSITY PRESS

University Printing House, Cambridge CB2 8BS, United Kingdom

Cambridge University Press is part of the University of Cambridge.

It furthers the University's mission by disseminating knowledge in the pursuit of education, learning and research at the highest international levels of excellence.

www.cambridge.org
Information on this title: www.cambridge.org/9781107696150

© Cambridge University Press 1914

First published 1914
First paperback edition 2016

A catalogue record for this publication is available from the British Library

ISBN 978-1-107-69615-0 Paperback

GENERAL INTRODUCTION

THIS series is primarily intended for use on the direct method by pupils who have completed at least their first course in German. The texts are short and suitable for schools without being trivial in subject matter. In addition to a short sketch of the career and works of the author, each volume contains questions on the narrative, grammatical exercises, and subjects and outlines for free composition. In the most elementary texts appear phonetic transcriptions of short passages for reading and dictation.

The exercises are based entirely on the corresponding sections of the text. They consist of:

(1) Questions A on the narrative,
 B on the use of words and phrases.

(2) Exercises on Accidence, Syntax and Word-formation.

(3) A subject for free composition suggested by an incident in the text, the main outline being also given for beginners.

A German-English vocabulary is supplied with each volume for those who desire it. Words which a pupil may be expected to know are not included.

G. T. UNGOED.

PREFACE

THE European fame of Julius Stinde makes any formal introduction of him to English readers unnecessary. His familiar style alone is attractive to students of modern German, who are assured by his popularity—proved by the issue of eighty-nine editions of the "Buchholz Family" Part I—of an interesting narrative. In a letter to the author Bismarck speaks of the great admiration he felt for Wilhelmine Buchholz.

The grammatical terminology used in this edition is in the main that of the Joint Committee translated into German. Thus: *Fürwort, Vorwort, Hauptsatz* stand for: pronoun, preposition, main clause. In accordance with the German school grammar of Sütterling and Waag, *Subjektsatz, Attributsatz*, etc. are preferred to: noun clause, adjective clause.

The editor wishes to express his cordial thanks to the publishers (G. Grote, Berlin) who have allowed the following pages to be printed from *Die Familie Buchholz*, Part I, by Dr Julius Stinde.

G. H. C.

January, 1914

Julius Stinde.

Am 28. August 1841 ist Julius Stinde in Kirch-Nüchel (Holstein) als Sohn eines Geistlichen geboren.

Er besuchte das Gymnasium zu Eutin. Im Jahre 1858 kam er nach beendeter Schulzeit bei einem Apotheker in die Lehre. Das Leben in einem Laden sagte ihm aber nicht zu. Infolgedessen bezog er die Hochschule zu Kiel, wo er Chemie und Naturwissenschaften studierte. Er setzte seine Studien in Gießen fort und erwarb sich im Jahre 1863 die Doktorwürde.

Nachdem er promoviert hatte, mußte er sich seine Kenntnisse zu nutze machen, indem er nach Hamburg übersiedelte, um dort als Fabrikchemiker in ein Handelshaus einzutreten. Mehrere Jahre war er in seinem Beruf tätig.

Aber schon in dem jungen Wissenschaftler regte sich der Romanschriftsteller: Stinde begann sich ganz der Schriftstellerei zu widmen, indem er die Redaktion des „Hamburger Gewerbeblattes" übernahm. Außer zahlreichen Aufsätzen in Fachzeitschriften veröffentlichte er: „Blicke durch das Mikroskop," 1869, „Naturwissenschaftliche Plaudereien," 1873. Unter dem Decknamen A. de Valmy schrieb er auch „Die Opfer der Wissenschaft," 1879². Novellen, Humoresken, Weihnachtsmärchen, und mehrere mit großem Erfolg aufgeführte plattdeutsche Komödien verdankt man seiner Feder.

Seit 1876 schon lebte Stinde in Berlin. Hier nahm ihn die Großstadt auf: die Wissenschaft mußte endlich dem Volksleben das Feld räumen. Am bekanntesten ist er durch die ergötzlichen Werke, die das Leben der Berliner in so herzhafter Weise beschreiben und die in zahlreichen Auflagen erschienen sind:

Buchholzens in Italien, 1883; Die Familie Buchholz, 1884–85–86 (woraus folgende Erzählungen entnommen sind); Frau Buchholz im Orient, 1888; Wilhelmine Buchholz Memoiren, 1895; Hotel Buchholz, 1896; Bei Buchholzens, Lustspiel, 1900.

Julius Stinde ist einer der beliebtesten Schriftsteller Deutschlands und ist in England und Frankreich durch viele Übersetzungen bekannt geworden.

Er versteht es, das kleinbürgerliche Leben der Hauptstadt aufs reizendste zu schildern. Seinen größten Erfolg hatte er durch seine lächerlichen Skizzen aus dem Leben des Berliner Spießbürgertums, zu dessen typischem Vertreter er die Familie Buchholz, vor allem die Mutter des Hauses, Frau Wilhelmine, machte.

Stinde starb zu Olsberg am 7. August 1905.

CONTENTS

Introduction

Die Familie Buchholz

I

Von außen

In der Landsbergerstraße, welche vom Alexanderplatz nach dem Friedrichshain führt, und zum Postbezirk Nordost der Reichshaupt=stadt gehört, steht ein Haus, das sich von seinen Nachbarn rechts und links, gerade und schräg gegenüber dadurch unterscheidet, daß es keine Ladenschaufenster hat und an seiner Fassade ein Paar Pilaster aufweist, die ein Architekt ersonnen hat, der einmal griechisch bauen wollte und aus Versehen falsche Vorlageblätter in die Hand bekam, als er den Aufriß zu Papier brachte.

Aber diese beiden Wandpfeiler, welche von der ersten Etage bis fast an das Dach reichen und den zweiten Stock durchschneiden, geben dem Hause trotzdem ein gewisses feierliches Aussehen, so daß es sich vorteilhaft von den modernen Mietskasernen abhebt, denen die kleinen Gebäude Alt=Berlins allmälig zum Opfer fielen, die dort im Nordost noch hin und wieder anzutreffen sind und nur auf das Weggerissenwerden zu warten scheinen. Sie werden sich auch wohl nicht lange mehr halten, denn die Pferdebahn, die schon so manches Alte aus früherer Zeit zu Grabe geläutet hat, klingelt bereits an ihnen vorbei.

Das Haus mit den mißverstandenen griechischen Pilastern wird sich aber noch eine Weile halten, denn als es entstand, schüttelten die Leute die Köpfe über den gewaltigen und prunkvollen Bau, der viel zu sehr gegen seine Umgebung abstach. Sollte vielleicht ein Prinz darin wohnen oder ein Graf? Die Vornehmen zögen nicht nach der Landsbergerstraße, die blieben unter den Linden oder in der Wilhelmstraße, wo die anderen Paläste stehen und die Kinder nicht in Holzschuhen herumlaufen. So sagten die Leute damals, und jetzt nach kaum einem Menschenalter paßt jenes Haus nur noch eben in das moderne Berlin hinein, weil es seiner Zeit auf den Nachwuchs gebaut wurde, wie der Sonntagsrock für den Dreizehnjährigen, dem die Arme und Beine quartalsweise länger werden. Aus dem vermeintlichen Palaste ist mittlerweile ein gut bürgerliches Haus geworden, und wer jetzt vom Alexanderplatze kommt, den Bahnhof der Stadtbahn, das schloßartige Hotel, die Markthalle und die anderen himmelanstrebenden Neubauten bewundert, der wird, wenn er die Landsbergerstraße durchschreitet, nichts merkwürdig finden als das für die Nachwelt in Stuck erhalten gebliebene Gelüste des Baumeisters, einmal das Antlitz eines modernen Wohnhauses mit griechischen Motiven zu tätowieren.

Der eine Flügel des Haustores, dem der übliche Rundbogen nicht fehlt, ist am Tage meistens geöffnet, so daß man auf den Flur sehen kann und auf die Glastüre, welche zum Hofe führt. Durch die mattgemusterten Glasscheiben schimmert es im Sommer grün, denn hinter dem Hause liegt ein kleiner Garten, in dem ein Apfelbaum und einige Fliederbüsche nach Luft und Licht ringen. Wenn der Steinkohlenrauch von der benachbarten Fabrik von feuchten Winden in den Hof hinabgedrückt wird, färbt er die spärlichen Apfelblüten schwarz und dringt in die zarten Kelchröhren des Flieders, dem deshalb stets ein Beigeruch nach dem Schornstein anhaftet. Es wird auch jedes Jahr versucht, ein wenig Rasen anzusäen, aber die langen Keime, welche im Schatten unter dem Baume aufsprießen, bringen es nicht weit, denn was die Spatzen übrig lassen, scharren die Hühner aus der Erde. Wenn aber ein linder Mairegen gefallen ist und die Jungens in den überfluteten Rinnsteinen der Straße Papierkähne schwimmen lassen oder in Ermangelung derselben ihre Mützen, dann sieht der Garten hinter dem Hause aus, als wäre der Frühling darin zu Gast. Und das ist schon sehr viel in dem großen, weiten Berlin.

Groß und weit ist die Stadt geworden, so groß, daß der einzelne Mensch darin verschwindet. Wie ganz anders ist es dagegen in einer kleinen Stadt. Da kennt einer den andern, wenn auch nicht näher, so doch vom Ansehen, und wenn einmal ein Fremder durch die Straßen geht, so weiß jeder, der ihn sieht, daß es wirklich ein Fremder ist. Es kann jemand durch ganz Berlin wandern, Straße

für Straße, ohne daß man ihn beachtet; er muß es für einen
glücklichen Zufall halten, wenn ihm ein Bekannter oder Freund
begegnet. Tausende hasten an ihm vorbei, sie sind ihm fremd, er
ist ihnen fremd; fremd sind ihm die Mitfahrenden in dem Omnibus, in dem Pferdebahnwagen, im Waggon der Stadtbahn. Es
überkommt ihn das Gefühl der Einsamkeit mitten in dem lauten
Treiben des Tages und in dem Gedränge der Menschen. Die
Einsamkeit ist nicht allein draußen im Walde daheim, auf dem
Meere und in der Öde, sie hat ihre Stätte auch in der Millionen-
stadt.

Und doch ist jedes Haus dieser großen Stadt eine Heimat für
die, welche darin wohnen, und die Straße, in der das Haus liegt,
ist ein Bezirk, in dem es Nachbarn gibt wie in einer kleinen Stadt,
in der man sich persönlich nahe steht oder doch wenigstens vom
Ansehen kennt. Die Familien in den Häusern haben Verwandte
und Bekannte, ganz so wie in einer kleinen Stadt, man hat seine
Kreise ganz so wie dort und redet von den Angehörigen dieser
Kreise ebensoviel Gutes und ebensoviel Böses, wie anderwärts.
Der Unterschied besteht nur darin, daß es in der großen Stadt
mehr Kreise gibt, als in der kleinen und daß sie schärfer voneinander
getrennt sind, weil sich die Einsamkeit der Großstadt dazwischen
drängt. Sie gleichen jenem Garten, den die hohen Mauern der
Nachbarhäuser einschließen, dessen grünen Schimmer der Vor-
übergehende nur gewahrt, wenn das Haustor offen steht. Der
Fliederbaum blüht nicht für jedermann, wie in den Anlagen des
Lustgartens, wo die weißschäumenden Strahlen der Springbrunnen
sich hoch in die Luft erheben und das blühende Gebüsch netzen, das
sie umhegt, wenn der Wind mit den glitzernden Tropfen spielt.

Über das öffentliche Leben der Großstadt wird täglich von den
Zeitungen Bericht geführt. Wir erfahren gewissenhaft, wann die
ersten Knospen im Tiergarten sich entfalten, aber über die ersten
Blüten jenes Apfelbaumes wird keine Zeile gedruckt, denn er ist
ein privater Apfelbaum und hat als solcher kein Anrecht an der
Druckerschwärze, es sei denn, daß er irgend etwas Außerordentliches
leiste, im Herbste noch einmal wieder anfängt jung zu werden, oder

vor Altersschwäche stürzt und dabei Unheil anrichtet. Und so ist es
auch mit dem Privatleben in den Häusern und mit dem Tun und
Treiben in den vielen Kreisen. Nur außergewöhnliche Vorkomm=
nisse gelangen an die Öffentlichkeit: ein Einbruch, eine Feuers=
brunst, ein besonderes Unglück oder ein fröhliches Ereignis seltener
Art. Von Tausenden und aber Tausenden erfährt die Welt nichts,
die wandeln ihren Weg von der Geburt bis zum Tode mitten in
der großen Stadt wie in stiller Verborgenheit, und doch schlägt
ihnen ein Herz in der Brust, das liebt und haßt, Freude empfindet
und Leid, weil es ein Menschenherz ist.

Auch die Familie Buchholz in der Landsbergerstraße würde zu
jenen Tausenden gehören, wenn nicht ein Erlebnis ärgerlicher
Natur der Frau Wilhelmine Buchholz die Veranlassung gegeben
hätte, ihre Entrüstung der Öffentlichkeit zu unterbreiten und aus
der Verborgenheit hervorzutreten. Mit dem ersten Briefe, den sie
an die Redaktion einer Berliner Wochenschrift sandte, war sie der
Presse verfallen, denn ein Brief folgte dem andern und jeder ge=
währte einen Einblick in das Privatleben der Familie und in den
Kreis ihres Verkehres. Frau Wilhelmine öffnete nicht allein das
Gartentor, sondern sie schnitt auch, wenn es an der Zeit war, eine
Handvoll von dem Flieder für solche Leute ab, die der Schorn=
steingeruch nicht störte. Sie meinte: „Orchideen wüchsen nicht
in der Landsbergerstraße; einfache Bürgersleute hätten kein
Treibhaus."

Sie hat Recht. Wem die Schilderung des kleinbürgerlichen
Lebens der Reichshauptstadt nicht gefällt, dem bleibt es unbenom=
men, sich einen Roman zu kaufen, in denen Grafen und Komtessen
gebildete Konversation führen. Wen es aber interessiert, zu erfahren,
wie sich intimes Familienleben in der Einsamkeit der großen Stadt
gestaltet, der wird an den Sorgen und den Freuden der Frau
Wilhelmine Anteil nehmen und ihre Briefe als Skizzen aus dem
Leben der Hauptstadt betrachten, die nicht bloß aus Asphaltstraßen
und langen Häuserreihen besteht, sondern aus vielen, vielen Heim=
stätten, deren Türen dem Fremden verschlossen bleiben.

II

Herr Buchholz hat Zahnschmerzen

Vor acht Tagen feierten wir unsern Hochzeitstag — es war der schauderhafteste, den ich je erlebt habe. Mir ist dieser Tag sonst das schönste Fest im Jahre, mehr noch als Ostern und Pfingsten zusammen, denn es ist mein Tag und mein Karl ist der Kalenderheilige dazu. Man könnte fragen, ob der Tag nicht auch meinem Karl gehört? Gewiß auch das, aber weiß ich, ob ich ihn ebenso glücklich gemacht habe, als er mich? Ich will es hoffen, aber ich kann mir nicht denken, daß je eine Menschenseele so glücklich sein könnte, als ich an dem Tage, als er mir seinen Namen gab und vor dem lieben Gott und den vielen Menschen laut und offen bekannte, daß er mich liebte. Ich konnte das Ja kaum über die Lippen bringen, weil ich mich vor den vielen Leuten scheute, und doch hätte ich laut aufjubeln mögen in all dem Glück.

Am Abend haben wir stets eine kleine Gesellschaft, gute Bekannte und Freunde, und auf den Tisch kommt auch etwas Ordentliches. Mein Karl ist kein Kostverächter und mich freut es, wenn es ihm schmeckt. Diesmal aber rührte er fast nichts an, und das machte mich besorgt.

„Fehlt Dir was, mein Karl?" fragte ich.

„O nein," antwortete er, aber ich merkte doch, daß das „O" so lang herauskam wie die halbe Friedrichstraße. Ich drang weiter in ihn, allein er verwies mir jede Frage und wurde so zu sagen etwas unangenehm gegen mich.

Gegen halb zwei Uhr entfernten sich die Gäste. Als wir nun unter uns waren, konnte ich doch nicht umhin, meinem Karl einige Vorwürfe über sein Betragen zu machen, worauf er sagte, daß er ein wenig Zahnschmerzen habe und nicht zum Vergnügtsein aufgelegt sei. Ich schlug ihm vor, ein Zahntuch umzubinden, aber er lachte mich aus und meinte, die Schmerzen seien nicht von Belang und würden sich schon wieder geben.

Als ich darauf in die Küche ging, um unserer Aufwaschfrau, die immer bei festlichen Gelegenheiten hilft, ihren Tagelohn zu geben, ließ ich auch ein Wort darüber fallen, daß mein Mann leidend sei, worauf die alte Grunert — so heißt die Aufwaschfrau nämlich — sagte, daß sie ein ausgezeichnetes Sympathiemittel wüßte, das schon so sehr vielen Leuten geholfen habe.

Warum sollte man nicht einmal einen Versuch machen, da Sympathie so unendlich billig ist?

Mein Karl höhnte anfangs, als ich ihm von der Grunerten sagte, jedoch ich redete ihm zu, da Sympathie keinen Schaden tun könnte, und so gestattete er denn, daß die Alte ihr Mittel anwendete.

Die Grunerten wußte, daß im Garten ein Holunderbusch wuchs, der zu ihrem Vorhaben notwendig war. Stillschweigend ging sie hinunter, schnitt einen Span aus dem Baum und bohrte meinem Karl damit so lange an dem kranken Zahn herum, bis er blutete. — Alles stillschweigend. — Dann ging sie wieder zu dem Baum, band den Span auf derselben Stelle mit einem leinenen Faden fest und fragte, ob die Schmerzen fort seien.

„Was sollten sie wohl?" rief mein Karl ärgerlich. „Sie sind nach dem Bohren nur noch schlimmer geworden!" — Die Grunerten sagte, er solle nur warten, bis der Span angewachsen sei, dann würde der Schmerz wie weggeblasen sein, wünschte gute Besserung und ging nach Hause.

Mein Karl schalt sehr über den Unsinn, zumal der Schmerz nach der Sympathie immer heftiger ward.

Ich riet ihm, warmes Wasser in den Mund zu nehmen, was ja auch sehr gut ist, und ging nach der Küche, um Wasser zu kochen.

„Gott, Madame," sagte die Köchin zu mir. „Wenn ich Zahnschmerzen habe, nehme ich Senfspiritus und reibe die Backe damit ein. Es beißt wohl ein bißchen, aber es hilft!" Zum Glück hatte sie noch einen Rest, den ich dankend annahm und bei meinem Karl in Anwendung brachte.

Ich wollte, ich hätte dies nicht getan, denn der Senfspiritus fraß wirklich sehr stark, und mein Karl meinte, ich hätte ihm das höllische Feuer ins Antlitz gestrichen. Die Backe wurde rot wie ein gesottener Krebs und ging denn auch richtig sehr bald ganz dick auf. Nun mußte er doch ein Zahntuch umbinden, was er ja gleich hätte tun können, wenn er meinem Rat gefolgt wäre. Aber Männer sind immer eigensinnig, wenn es ihr Bestes gilt.

Mit der Sympathie und dem Senfspiritus war es gegen drei Uhr geworden und wir gingen zur Ruhe.

Ich kann nicht sagen, daß ich eine angenehme Nacht hatte, denn mein Karl schlief fast gar nicht und wühlte fortwährend in seinem Bett herum. Es sah am andern Morgen aus, als hätte er Unflug darin gespielt.

Gegen acht Uhr schlief er ein und ich hoffte schon, daß alles gut sein würde. — Um zehn kam die Polizeileutnantin zum nachträglichen Gratulieren, die meinen Karl aufrichtig bedauerte und sagte, daß nichts besser gegen Zahnschmerzen sei, als echte chinesische Po=ho=Essenz. Wir schickten unser Mädchen herum, die denn auch bald mit der Flasche ankam.

Mein Karl litt wieder schrecklich. Ich wies auf die Essenz hin, aber er wollte nichts davon wissen.

„Karl," sagte ich, „es wäre eine Beleidigung gegen die Frau Polizeileutnantin, wenn Du das kostbare Mittel nicht gebrauchen wolltest!" Er widersetzte sich und war widerwillig, allein da die Chinesen doch in vielen Fällen klüger sind als wir, so bequemte er sich zuletzt und ich drückte ihm ein Stück tüchtig mit Essenz getränkter Watte in den Zahn.

Er spuckte zwar fürchterlich, aber der Schmerz war fort. Ihm standen die Tränen in den Augen von der Essenz, aber er lächelte doch, so gut es mit der geschwollenen Backe möglich war. Der gute Karl! Nein, wie dankbar wir der Polizeileutnantin waren, das kann sich niemand ausmalen. Wir begleiteten sie die Treppe hinunter und sie war auch sehr froh, daß ihr Rat so schön geholfen habe. — Als wir wieder oben kamen, hörte ich meinen Mann jedoch schon wieder lamentieren. Die Zahnschmerzen waren mit doppelter Kraft zurückgekommen.

Nun ist es ein Glück, wenn man kluge Kinder hat. Meiner Betti fiel ein, daß Herr Krause eine homöopathische Apotheke besitzt

und schon so manches Leiden im Handumbrehen heilte, und rasch
lief sie zu Herrn Krause, ihn zu uns zu bitten.

Herr Krause ist Lehrer und man darf Zutrauen zu solchen
Leuten haben, die wirklich alles wissen, da sie doch den Grund zu
allem legen und ja auch damals den Krieg gewannen, der ohne sie
jedenfalls nicht zustande gekommen wäre. Und namentlich Herr
Krause ist ungemein weit in der Wissenschaft und Bildung und
hat zu den Ärzten durchaus kein Vertrauen. Ich bin, wie gesagt,
auch mehr für Hausmittel.

Herr Krause trat bald mit seiner Apotheke und dem Doktorbuche
ein, galt es doch seinen leidenden Mitmenschen beizustehen und
wahre Humanität auszuüben. Mein Mann saß im Sofa mit dicker
Backe und war sehr verdrießlich, aber weil er nur mit dem einen
Auge gut sehen konnte, da das andere ziemlich zugeschwollen war,
schien es, als wenn er jedermann vergnügt zublinzelte.

„Nun, lieber Herr Buchholz," rief Herr Krause ihm entgegen,
„immer den Humor oben, das lobe ich mir!"

„Mir ist gar nicht nach Humor zu Mute!" entgegnete mein
Karl verdrießlich. „Wenn Sie mir einen Gefallen tun wollen,
schicken Sie zum Arzt."

„Zum Doktor?" lächelte Herr Krause, „das werden wir
hoffentlich nicht nötig haben. Die Ärzte kennen die Geheimnisse
der Natur keineswegs, denn das, worauf es ankommt, das Heilen
der Krankheiten lernen sie bei allem Katzenschlachten und Hundeschinden doch nicht. Und dann, was geben sie dem Menschen nicht
alles ein? Die Homöopathie dagegen hebt die Krankheiten auf
naturgemäße Weise."

„Mit Holzsplittern oder mit Senfspiritus?" fragte mein Mann.

Herr Krause lächelte. „Die Homöopathie heilt nur mit dem
Geiste der Arzneimittel," setzte er uns belehrend auseinander.
„Denken Sie sich eine Flasche voll Wasser, so groß wie der Mond,
und in dies Wasser einen Tropfen Medizin gegossen und durch-
geschüttelt, dann haben Sie ein homöopathisches Heilmittel."

„Du meine Güte," rief ich. „Wer kann aber den Mond
schütteln?"

„Es ist nur bildlich gemeint, liebe Frau Buchholz," entgegnete Herr Krause. „Nun wollen wir erst einmal die Symptome prüfen, um das richtige Mittel zu finden. Haben Sie Bohren in dem Zahne?"

„Seitdem die Grunerten fort ist, nicht mehr," antwortete mein Karl.

„Also kein Bohren. Zieht der Schmerz von links nach rechts, oder von rechts nach links?"

„Er sitzt solid fest!"

„Aha, da wäre Pulsatilla angezeigt. Die dicke Backe deutet auf Zug. Wir werden Akonit mit Pulsatilla im Wechsel gebrauchen."

„Erlauben Sie, die dicke Backe kommt vom Senfspiritus."

„Dann müssen Sie erst Kampfer nehmen, um das Senfgift aus dem Körper zu treiben," erwiderte Herr Krause.

Bei diesen Worten öffnete er seine Handapotheke und ließ meinen Mann drei kleine weiße Kügelchen schlucken. Hierauf rührte er andere kleine Kügelchen in Wasser und sagte, mein Karl müsse alle Stunden davon einen Schluck nehmen. Erst würden die Schmerzen sehr heftig werden, das wäre die naturgemäße Erstverschlimmerung, weil der Geist der Arznei mit dem Geist der Krankheit kämpfe. Hierauf aber werde das Leiden wie durch ein Wunder gehoben. Außerdem verbot er ihm Tabak, Tee, Kaffee, Saures, Gewürze und namentlich Kamillentee, der jahrelanges Siechtum zur Folge habe. Dann ging er.

Mein Mann nahm genau nach der Uhr ein: die Schmerzen wurden aber immer gräßlicher. „Gottlob," sagte ich, „das ist die Erstverschlimmerung, die beiden Geister kämpfen gehörig, nun wird es bald besser!" Mein Karl stöhnte, daß er mich entsetzlich dauerte. — Er ging auf und ab. — Dann setzte er sich wieder. — Dann legte er sich auf das Sofa und bohrte mit dem Kopf in die Ecken hinein.

„Es ist nicht zum Aushalten!" schrie er.

„Sei doch nur ruhig, mein süßer Karl! Du hast doch gehört: erst muß es schlimmer werden, ehe der Schmerz geht. Nimm nur

noch einen Schluck von der Medizin, die Herr Krause angerührt
hat, und laß es ordentlich in Deinen Zähnen kämpfen!"

Wir warteten Stunde auf Stunde, aber die Verschlimmerung
ließ noch nicht nach. Mein Mann wollte rauchen, aber das durfte
er nicht. Zu Mittag hatten wir sein Leibgericht, Schmorfleisch
mit saurer Sauce. Dies durfte er auch nicht essen. Er wurde
sehr wütend, als er sich mit Zwieback und Milch behelfen mußte.

Schließlich meinte Emmi, Herr Krause habe wohl den Senfspiritus herausgetrieben, aber den Po=ho noch nicht, ob der wohl
am Ende dagegen wirkte? Sie eilte deshalb zu Herrn Krause,
um ihn zu fragen. Sie blieb lange fort, und als sie wiederkam,
sagte sie, Herr Krause habe in seinem Doktorbuche nachgeschlagen,
aber ein Gegenmittel gegen Po=ho sei nicht darin, und dieses Gift
mache die Wirkung seiner Mittel zu schanden. Hier wäre die
Homöopathie einfach machtlos.

Nun aber hatte die Geduld von meinem Karl ein Ende. Emmi
nannte er eine einfältige Pute und mich eine dumme Gans. Er
war wie ein Wilder und pantherte im Zimmer auf und ab, wie
ein Tiger in seinem Käfig. — Ich brach in Tränen aus und
das Kind weinte mit mir. „Karl," rief ich, „mir das und dem
Kinde desgleichen! O wie bist Du lieblos, wo wir auf alle
mögliche Weise Dein Leiden zu lindern suchen. So handelt nur
ein Rabenvater. Du hast kein Herz für uns armen, schwachen
Wesen. Karl, Karl, Du versündigst Dich an dem Kinde und
an mir!"

Er antwortete nicht, und als ich mit tränenden Augen über
mein feuchtes Taschentuch aufblickte, sah ich, wie mein Karl auf
dem Sofa vor Schmerz kopfstand. Dies war gräßlich, denn
kann es etwas Fürchterlicheres geben, als wenn man den Vater
seiner Kinder, Bezirksvorsteher und Wahlvertrauensmann auf dem
Kopfe stehen sieht, mit den Beinen hoch über der Sofalehne in
der Luft? — Ich tat einen lauten Schrei vor Entsetzen.

In diesem Augenblick kam Onkel Fritz. „Was gibt's denn
hier für eine Komödie?" rief er lachend, als er dies Bild der
Familienverzweiflung sah. Nur mit Mühe konnten wir ihm alles

auseinandersetzen, denn während unsere Stimmen von Tränen
erstickt wurden und mein Karl nur unartikulierte Laute von sich
gab, wollte er vor Lachen umkommen.

„Karl, alter Junge," rief er, „was hat man mit Dir auf=
gestellt?"

„Nur Hausmittel!"

„Konntet Ihr denn nicht zu Dr. Wrenzchen schicken?" fragte
Onkel Fritz.

„Wer geht denn gleich zum Arzt?" warf ich ein, „wozu sind
denn die Hausmittel da?"

„Um Deinen Mann zu quälen und zu martern," entgegnete er.

Onkel Fritz schalt nun meinen Karl aus, daß er sich von
Alteweiberkram (ich glaube, dies war der gassenhafte Ausdruck)
elenden ließe und hieß ihn sich anziehen, um mit ihm zum
Zahnarzt zu fahren, da ihm einfiel, daß Dr. Wrenzchen nur für
Innerliches und nicht für Äußerliches sei.

Dies war mir nicht recht, denn wenn Dr. Wrenzchen gekommen
wäre, hätte er sich mit Betti unterhalten können; aber wir Frauen
müssen uns der rohen Gewalt ja fügen.

Er fuhr mit meinem Karl ab. Nach einer Stunde kamen sie
wieder. Mein Karl war seinen Zahn und die Schmerzen los
und wie neu geboren, aber das neue Jahr unserer Ehe hatte
keinen so lieblichen Anfang, wie alle die vorhergehenden, denn
er war zu hart gegen mich gewesen, was ich nicht ohne weiteres
verzeihen durfte. Und wie gut hatten wir alle es mit ihm gemeint!

III

Bei der Silvesterbowle

Bei uns geht es nämlich mit dem Silvesterabend um. Einmal
wird er bei Krauses gefeiert, in dem folgenden Jahr bei Bergfeldts
und dann bei uns. Wir hatten ihn zuletzt gehabt, und somit
waren Krauses daran. Wie aber sollte es mit Bergfeldts werden?

Die Bergfeldten hatte mich zu tödlich beleidigt; ich kann nicht
sagen, wie ich mich geärgert habe, ja ich hätte sie zu meinen Füßen

sterben sehen können, und wenn sie mich um einen Tropfen Wasser
gebeten hätte, würde ich ihr Vitriol=Öl gereicht haben! — Doch
nein, diese Gefühle bestürmten mich nur im ersten Moment und
waren auch wohl schuld daran, daß ich das Gallenfieber bekam;
jetzt, nachdem ich mich ordentlich ausgeseucht habe, denke ich nicht
mehr so intolerant und schäme mich ordentlich, daß jemals solche
Gedanken in meinem Busen aufsprießen konnten. Damit will ich
aber keineswegs eingestanden haben, daß die Bergfeldten ohne Schuld
sei. Im Gegenteil, sie war es, die anfing.

Also Krauses waren daran! — Herr Krause kam denn auch zu
uns, um uns zu bitten, und mein Karl nahm die Einladung ohne
weitere Überlegung an. „Karl!" rief ich, mit einer Kleinigkeit
Schärfe im Ton: „Weißt Du denn auch, ob die Bergfeldten
da sein wird oder nicht?" — „Gewiß!" erwiderte mein Mann
trocken, „wir sind alle die Jahre am Silvester zusammen gewesen
und werden es diesmal auch!" — Er sagte diese Worte mit
einer Bestimmtheit, die ich lange nicht an ihm bemerkt hatte.
Während er sprach, firierte ich ihn deshalb mit meinen Augen,
aber obgleich er diesen Blick kennt, sah er nicht weg, sondern hielt
ihn ruhig aus.

„So?!" rief ich. — Weiter sagte ich kein Wort, aber in diesem
„so?!" lag etwas drin, daß mein Karl doch einen Schreck bekam
und man ihm ganz gut ansehen konnte, wie es ihm vor Angst
trocken im Munde ward.

„Liebe Frau Buchholz," nahm nun Herr Krause das Wort,
„ist es denn nicht möglich, daß Sie verzeihen können? Sehen
Sie, draußen in der Welt gibt es Unfrieden genug, und Haß
und Zwietracht wird an allen Enden gesät. Sollen diese bösen
Dämonen auch das Familienleben zerstören, alte Bande der
Freundschaft zerreißen und uns um die wenigen Freuden bringen,
die aus dem humanen Zusammensein hervorblühen?" — Ich
kämpfte eine Weile mit mir selber. „Nein," sagte ich darauf:
„Mit Dämonen mag ich nichts zu tun haben, und niemand soll
mir nachsagen, daß ich nicht menschenfreundlich wäre. Sie haben
so schön gesprochen, Herr Krause, daß es unrecht von mir sein

würde, wenn ich nicht nachgäbe! Natürlich aber muß die Bergfeldten mir das erste Wort gönnen, sonst bleibt's beim Alten."

Herr Krause garantierte für die Bergfeldten, und so versprach
ich denn, daß wir kommen würden.

Kaum war Herr Krause gegangen, als ich zu Karl sagte:
„Er hat doch wohl recht, es ist besser, wir leben in Frieden, als
im Streit; wozu auch das ewige Maulen? Aber die Weihnachts-
kleider der Kinder müssen noch bis zum Silvester fertig, und das
neue Medaillon mit dem großen Diamanten, das Du mir geschenkt hast, werde ich tragen. Soweit bringen Bergfeldts es doch
nie!" — —

Der Abend kam. „Wir wollen nicht die ersten sein," sagte
ich, „es sieht so gierig aus, wenn man zu präzis antritt." — „Wie
Du meinst," erwiderte Karl, „aber bedenke doch, wir gehen nicht
in Gesellschaft, sondern zu Freunden!" Ich blieb jedoch auf meiner
Meinung bestehen, und wir warteten daher so lange, bis der kleine
Krause kam und sagte, sie wären alle da und die Schlagsahne
finge schon an dünn zu werden, Mama könnte sie nicht länger
halten. Da machten wir uns denn auf den Weg. Als wir
ankamen, ließ ich meinen Mann zuerst eintreten, dann folgte ich
in hellgrauer Seide, etwas ausgeschnitten, mit dem neuen Medaillon,
begleitet von den Kindern, die in ihren Weihnachtskleidern sehr
vorteilhaft aussahen. Alle standen sie auf und wir begrüßten
uns. Krauses waren sehr herzlich, desgleichen Herr Bergfeldt,
aber sie, die Bergfeldten, machte eine Verbeugung, die acht Tage
auf Eis gelegen hatte. Mir versetzte es ordentlich den Atem,
zumal die Krausen mich auf das Sofa neben die Bergfeldten
nötigte. Es war eine Angstpartie, und da sie alle das bemerkten,
redete keiner ein Wort: es flog ein Riesenengel durch das Zimmer.
Mit einem Male unterbrach Onkel Fritz die fürchterliche Stille,
indem er laut ausrief: „Es kann heute ja noch recht gemütlich
werden!" — Alle fingen an zu lachen, während ich und die
Bergfeldten rot übergossen auf dem Sofa saßen. Nun kam es
darauf an zu zeigen, wer von uns die gebildetste sei, und deshalb
rief ich: „Das wird es auch wohl noch!" und hierauf antwortete

die Bergfeldten: „Es ist ja nur einmal Altjahrsabend im Jahr!"
Dem stimmten denn auch alle bei, der Tee kam und nach dem
Tee Kirschmarmelade mit Schlagsahne für die Damen und Bier
für die Männer, und ehe ich mich versah, war ich mit der Bergfeldten
im Gespräch ganz wie früher. Während die jungen Leute „Taler
wandern" spielten — Onkel Fritz ließ den Taler mitwandern und
brachte die ganze junge Gesellschaft immer ins Lachen — unter=
hielten wir Älteren uns über dies und das, bis wir zu Tisch gingen.
Die Bergfeldten hatte mir erzählt, daß der Student, Herr Weigelt,
sich sehr nett herausmache und nächstes Jahr wohl Affessor sein
würde und dann Auguste heiraten könnte, und ich mußte ihr
versprechen, zur Hochzeit zu kommen. Es war ganz wie zu alten
Zeiten. Herr Krause hatte auch wohl mit ihr geredet, und so
konnte man deutlich sehen, daß ein vernünftiger Mann doch viel
Gutes stiften kann, wenn er die Gelegenheit dazu wahrnimmt.
Überhaupt wünschte ich in diesem Augenblicke, daß mein Karl in
dieser Beziehung etwas von Herrn Krause abhätte, so sehr ich sonst
im übrigen mit ihm zufrieden bin.

Bei Tische war es wieder außerordentlich nett. Wir saßen
zwar ein bißchen sehr eng, aber es ging doch. Erst hatten wir
Biersuppe, dann Karpfen mit Meerrettich und dann Rippespeer
mit Kompott, zum Schluß gab es Eis. Mitten auf dem Tisch
stand eine Bowle, Herr Krause und Onkel Fritz schenkten ein,
und wenn sie leer war, kam Frau Krause mit einem großen Topf
und goß sie wieder voll. Wir wurden nun zusehends fideler. In
den Pausen sangen wir Lieder, die Onkel Fritz auf dem Klavier
begleitete. Vor dem Fisch sangen wir: „Wohlauf noch getrunken
den funkelnden Wein," und vor dem Braten: „Wir gehn nach
Lindenau," wozu Onkel Fritz eine ganze Masse neuer Verse gemacht
hatte, die er solo vortrug, und wobei wir andern immer nur den
Refrain sangen. Nein, wie haben wir gelacht! Einen Vers hatte
er auf mich gedichtet, in welchem er sagte, ich würde überall gelesen,
„sogar in Lindenau!" — Es war zu spaßhaft, auch der kleine
Eduard stimmte mit ein und noch den ganzen Abend sang das Kind
vor sich hin: „Wir gehn nach Lindenau!"

Als wir das Eis „intus" hatten, wie der Student, Herr
Weigelt, zu sagen pflegt, erhob sich Herr Krause, sah nach der Uhr
und klopfte an sein Glas, um die Rede auszubringen. Es wurde
mit einem Male sehr still und feierlich, und auch der kleine Krause
hielt mit dem Singen inne, nachdem sein Papa ihm einen milden
Klaps verabreicht hatte. Was Herr Krause nun sprach, war
wirklich sehr wohltuend. „Dem neuen Jahre," so etwa sprach
er, „ jubele man zu, als wenn es die Macht hätte, alle Hoffnungen
und alle Wünsche, selbst die eitelsten und gefährlichsten zu erfüllen,
während man das alte Jahr verabschiede, wie jemanden, der mehr
versprach, als er habe halten können, ohne Mitleid und ohne
Bedauern. Und doch sei das alte Jahr während 365 Tagen unser
Freund gewesen und habe uns im bunten Wechsel Freude und
Leid gebracht, wie der liebe Gott es für gut halte. Die Freude
ermutige den Menschen, das Leid läutere ihn, beide aber hätten
sie das Gemeinsame, die Herzen der Menschen einander zu nähern,
und wo wahre Liebe zu Hause, da lege jedes Jahr einen neuen
Ring um die, welche sich liebten, daß sie nimmer voneinander
lassen könnten. Und das wollten wir auch von dem neuen Jahre
hoffen: was es auch bringe, die Liebe möge es festigen." — Als
Herr Krause geendet, schlug es im Nebenzimmer dumpf zwölf und
wir stießen mit den gefüllten Gläsern an. Da rief plötzlich der
kleine Krause: „Es hat dreizehn geschlagen!" — Und so war es
auch. Onkel Fritz, der im Nebenzimmer mit der Feuerzange die
Glocke schlug, hatte, wie stets, wieder einmal Unsinn gemacht. Wir
lachten jedoch und ließen uns nicht weiter stören, obgleich dreizehn
keine angenehme Nummer ist.

Onkel Fritz hat eben etwas reichlich Freigeistiges an sich.

Wir blieben noch bis gegen zweien, dann brachen wir mit dem
Bewußtsein auf, einen recht frohen, gemütlichen Abend verlebt zu
haben. Die Bergfeldten luden uns zu ihrem Geburtstag ein, der
nächstens ist, und ich sagte zu. So wäre denn das Kriegsbeil
zwischen uns begraben.

Unterwegs sprach ich mit meinem Manne darüber, wie prächtig
es doch von Herrn Krause gewesen sei, die Versöhnung zwischen

mir und Bergfeldts herbeizuführen. — „Warum sollte er auch
nicht," antwortete mein Karl, „ich hatte ihn ja darum gebeten!"
— „Du, Karl?" — „Mir tat Euer Zwist längst in der Seele
weh!" — „Mein Karl!" — Weiter sagte ich nichts, aber ich fiel
ihm um den Hals und gab ihm einen tüchtigen Kuß. „Wilhel=
mine!" rief er ganz überrascht. — „Du bist doch der beste Mann
auf dem Erdboden," sagte ich, „Du hast das Herz auf dem rechten
Fleck, nur nicht immer den Mund!"

So feiern wir Silvester bei uns in der Landsbergerstraße.
Hoffentlich ist eine von meinen beiden am nächsten Silvester
verlobt und auch für Onkel Fritz wird sich wohl etwas Passendes
finden; für den wird es nachgerade Zeit. Prosit Neujahr!

IV

Sommerfrische

Es ist ja am Ende keine Kunst, dicke zu tun und mit einem
billigen Extrazug irgendwo hinzureisen, um nachher sagen zu
können: wir waren in der Schweiz oder sonst in der fern entle=
genen Fremde, aber bescheiden in der Nähe von Berlin zu weilen,
daß Frau und Kinder sich am Luftwechsel erfreuen und der Mann
Sonntags herauskommt und auch sein Vergnügen hat, ... das
halte ich für keine leichte Aufgabe. Da heißt es, die Krone des
Hochmuts abzulegen und das einfache Waschkleid der Tugend
anzuziehen.

Deshalb entschieden wir uns dafür, nach Tegel hinauszuziehen,
sowohl wegen der Wohnung und der Umgebung, die uns sehr
gefiel, als auch wegen meines Karl.

Mein Mann hat trotz des Schutzzolles ja brillant zu tun, so
daß ich glaube, wenn dieser fehlte, würde er in zwei Jahren bereits
zu den oberen Zehntausend gehören, und darum kann er nicht auf
Wochen vom Geschäft bleiben. Soll er nun ganz auf mich verzich=
ten und seine Kinder? — Nein, er muß die dankbaren Gesichter
derer sehen, für die er sich abarbeitet, wenigstens alle acht Tage
einmal. Und für solche Zwecke liegt Tegel sehr angenehm.

Und dann ist von dem Dorf Tegel das Schloß Tegel mit
seinem Park nicht weit entfernt, und in dem Park liegt Alexander
v. Humboldt begraben, dieser außerordentliche Gelehrte, der ja auch
den Globus erfunden hat, der jetzt zu den beliebtesten Zimmerzierden
gehört, obwohl seine blaue Farbe nicht immer mit den Möbelstoffen
übereinstimmt. — Hat man einen solchen historischen Hintergrund
in unmittelbarer Nähe, so fühlt man auf den Spaziergängen das
Walten des Genius und ist glücklich in dem Bewußtsein, ebenfalls
zu den Gebildeten zu gehören.

Emmi ist beim Vater in der Stadt geblieben, um ihm die
Wirtschaft zu führen; ich und Betti sind hier draußen. Betti
mußte aus den alten Verhältnissen herausgerissen werden, die sie
überall an den treulosen Emil erinnern. Das Kind war so still
und schweigsam geworden, daß es mir durch die Seele schnitt, wenn
ich es heimlich beobachtete, und sagen durfte man nichts, denn dann
gab es gleich schroffe Antworten und Türenzuschlagen. Dies alles,
dachte ich, sollte sich in Tegel ändern. Wir wohnen hier allerliebst.
Dieselben großen Linden und Ulmen, welche das Dach der kleinen
Kirche beschatten, halten die Sonnenstrahlen von den Fenstern
unseres Vorderzimmers ab, und wenn wir vor der Türe sitzen,
haben wir den alten Kirchhof mit seinen Denkmälern, Trauereschen
und blühenden Gesträuchen vor uns.

Nach hinten liegen zwei kleine Zimmerchen mit Aussicht auf
den Garten und auch die Küche; die andere Hälfte des Häuschens
ist ebenso gebaut, und dort wohnen die Hausleute, die zum Umgang
für uns zu niedrig stehen, da sie, obgleich in Tegel geboren, von
Humboldt und seiner Bedeutung auch nicht die geringste Ahnung
haben.

Überhaupt hatten wir uns vorgenommen, mit der dortigen
Einwohnerschaft nicht kordial zu werden, und daran taten wir gut,
denn man wird doch nur mißverstanden. Aus Rache dafür
nennen sie uns die Gespensterfamilie. Das hat nun folgende
Bewandtnis.

Es gibt in und um Tegel nämlich erschreckend viele Mücken,
die der See ausbrütet. Als Betti und ich den ersten Abend=

spaziergang an den Gestaden des Sees machten, kamen wir beide
schön zugerichtet wieder heim. Bei mir hatten diese Geißeln des
Menschengeschlechts es namentlich auf den Hals abgesehen, so daß
ich aussah, als hätte ich einen Kropf, und wenn ich auch nicht
leugne, daß mein Hals ein bißchen fett ist, so findet mein Karl ihn
doch immer sehr schön, und ich habe nicht nötig, mir ihn ruinieren
zu lassen. Für den nächsten Spaziergang rieben wir uns deshalb
mit Lorbeeröl ein, das gut gegen Mückenstiche sein soll, aber das
Zeug riecht so niederträchtig, daß es den Genuß an der balsamischen
Natur vollkommen verkümmert. Ich schrieb daher an Emmi, sie
sollte uns die beiden Mousselinballröcke mit herausbringen, und
daraus haben wir zwei egyptische Schleiergewänder hergestellt, die
den Oberkörper und die Arme schützen. Wenn wir am Waldrande
sitzen und im Anblicke der Natur schwelgen, schmücken wir die
Gewänder mit Feldblumen und verzieren die Sonnenschirme mit
großen Blättern. Dies poetische Treiben halten die Tegeler nun
für Verrücktheit, und wegen der weißen Schleier nennen sie uns
die Gespensterfamilie. Ihnen zum Ärger gehen wir mit unserm
Kostüm und den geschmückten Schirmen unentwegt durch das Dorf,
um zu zeigen, daß wir über lächerliche Vorurteile hoch erhaben
sind. —

So waren ich und Betti ganz allein auf uns angewiesen. Das
wäre ja auch recht schön gewesen, wenn Betti ihr verschlossenes
Wesen nur ein wenig abgelegt hätte. Es kamen aber Stunden, in
denen sie kein Wort redete, auf Fragen keine Antwort gab, und
wenn ich in sie drang, sagte: „Mama, Du weißt ja doch alles
besser, was nützt Dir meine Weisheit?"

Neulich kam sie mit einem weißen Kaninchen an, das sie von
den Dorfknaben, die es hetzten und peinigten, für einige Nickel
gekauft hatte. „Kind," rief ich, „was soll das schaudervolle
Geschöpf?" — „Ich will ein Wesen haben, das ich liebe," antwortete sie. — „Liebst Du mich denn nicht, Betti?" — „O gewiß,
so meine ich es nicht, aber das Kaninchen wird mich zerstreuen.
Es ist so hübsch und hat so klare rote Augen." — Wohin nun
aber mit dem Tiere? Da der unterste Kommodenkasten leer war,

taten wir es da hinein, und ich mußte mich zufrieden geben, weil Betti sich wirklich an dem kleinen Vieh erfreute. Wir nahmen es auf unseren Spaziergängen mit ins Freie. Aber die Kommode und das Zimmer rochen sehr strenge nach dem Stallhasen, so viel wir auch lüfteten.

Unser Leben regelte sich gar bald. Morgens wurde erst im See gebadet und Betti schwamm bald ausgezeichnet. Dann frühstückten wir und Betti besorgte das Kaninchen, während ich die Wohnung in Ordnung brachte. Dann kam die Frau, welche die groben Arbeiten verrichtete, ich kochte und wir aßen zu Mittag. Dann nahmen wir ein paar Augen voll Schlaf und rüsteten uns darauf zum Spaziergang.

Natürlich waren wir auch mit Lektüre versehen; Onkel Fritz hatte den Kosmos von Humboldt besorgen müssen. Er sagte, als er ihn brachte: „Wilhelmine, er wird Dir zu hoch sein." Aber da kam er schön an. Ich erwiderte ihm:

„Ich habe leider oft genug erfahren, daß Du die Fähigkeiten der Frauen unterschätzest, weil Du ein Freigeist bist; deshalb ist jedoch noch lange nicht gesagt, daß ich nicht verstehe, was Du nicht zu begreifen vermagst!"

Hierauf lächelte er schelmisch und sagte: „Glück mit dem Kosmos. Schicke ihn nur bald zurück, damit er wieder in die Bibliothek kommt."

Es war nun erst recht meine Pflicht, den Kosmos zu lesen. Wir nahmen ihn und das Kaninchen, das wir Muck genannt hatten, mit in den Wald, und Betti las mir aus dem Buche von den Gebirgen in Meriko vor und den Gesteinsschichtungen, die obenbrauf liegen. Das erste Mal schlief ich leider ein, weil es sehr heiß war, das zweite Mal hatten wir Bohnen zu Mittag gehabt, wodurch wir beide müde wurden. Das dritte Mal las Betti sehr schlecht, weil Muck immer davonhüpfte und sie ihn wieder greifen mußte. Wir werden dessenungeachtet den Kosmos im Winter mit Ruhe lesen, denn es wäre doch lächerlich, wenn man ein gedrucktes Buch nicht verstehen sollte. Das sind Anmaßungen von Onkel Fritz.

Als nun eine ausdauernde Regenzeit kam, wurde es ziemlich traurig, zumal Betti meistens verstimmt war. Ohne Muck wäre es nicht auszuhalten gewesen. Betti nähte ihm eine blaue Jacke, und wir amüsierten uns, wenn er darin umherhopste.

An den Sonnabendabenden kamen mein Karl und Emmi heraus. Das waren dann wahre Festtage. Sie brachten stets allerlei Genußreiches mit, und wenn die Sonne schien, gingen wir in den Wald und delektierten uns an den guten Sachen. Aber wie kurz so ein Sonntag ist, davon macht man sich kaum einen Begriff. Wenn mein Karl am Abend wieder in die Pferdebahn stieg, war mir, als sei er erst eben angekommen.

Wir sollten aber nicht ohne Umgang bleiben, nämlich Krauses zogen ebenfalls nach Tegel. Ich hatte mich freilich mit der Krausen auf der Taufe bei Weigelts wegen des kleinen Eduard ein bißchen überworfen, aber wir trafen uns eines Morgens auf dem schmalen Badesteg, so daß ich sie nicht schneiden konnte. Sie begrüßte mich sehr artig, und ich war auch froh, endlich jemand zu haben, mit dem ich mich einmal aussprechen konnte, weshalb ich sie auf den Nachmittag einlud.

Sie kam auch, aber allein. Eduard war mit ihrem Manne auf die Schmetterlingsjagd an den See gegangen.

Anfangs wollte das Gespräch nicht recht in den Zug kommen. Sie fand den Kaffee jedoch sehr schön und bald gab ein Wort das andere, und so erfuhr ich denn zu meiner Freude, daß sie den Umgang mit Bergfeldtens auch aufgegeben.

Sie sagte, man könne mit der Familie nicht mehr verkehren. Er sei wieder gänzlich verschuldet und Emil habe sich nur mit dem reichen Mädchen verlobt, um aus der Klemme herauszukommen. Er trüge jetzt immer helle Anzüge, aber ob die Braut sie bezahle, wisse man nicht, die Verhältnisse seien nicht klar. Daß Bergfeldts nicht imstande wären, ihn Aufwand machen zu lassen, das wisse ja jedermann.

„Ja," sagte ich, „kümmerlich geht es nur her bei ihnen."

„Sagen wir ärmlich," meinte die Krausen. „Mir ist es schon öfter aufgefallen, daß ihre meisten Kaffeetassen keine Henkel haben, und als ich zuletzt da war, hatte sie Teelöffel, wie man sie in der „Neuen Welt" bekommt!"

Wir sprachen über dies und das, als wir plötzlich einen lauten Schrei hörten.

Was war geschehen? Leute eilten herbei. Ein Knabe, hieß es, sei in den See gefallen. Die Fischer machten ein Boot los, aber ehe sie damit fertig wurden, sprang jemand rasch wie der Blitz in das Wasser hinab und tauchte unter. Es war ein ängstlicher Augenblick. „Da ist er," riefen die Leute. — „Hat er den Knaben?" — „Nein, er taucht wieder unter." — Und abermals verschwand der Mann, welcher hinabgesprungen war. Dann aber kam er wieder empor. . . . er hatte den Knaben, den er in das mittlerweile herbeigeeilte Boot legte.

Am Ufer stand eine junge Frau; sie wollte sich in den See nachstürzen, denn es war ihr Knabe, der nun in dem Boote lag. Man mußte sie mit Gewalt zurückhalten. Als das Boot landete und man den Knaben brachte, als sie ihn bleich und leblos vor sich liegen sah, brach sie zusammen. Dann trugen sie den Knaben in das Badehaus.

Mir war als sei mit einem Male die ganze Schönheit der Natur plötzlich verschwunden, als der Tod so plötzlich und unerwartet in die sonnenbeleuchtete Welt trat, um ein junges Leben abzurufen in sein fernes, trauriges Land.

Ich sah nicht mehr den blauen See mit seinen Ufern und dem klaren Himmel, ich sah nur das Badehaus, das den ertrunkenen Knaben barg, und blickte unverwandt auf die Leute, welche vor der geschlossenen Tür standen, als wenn ich von denen erfahren könnte, ob Hoffnung vorhanden sei, das entflohene Leben zurückzurufen. Die Eltern des Kindes waren in dem Badehause. Die Equipage hielt in einiger Entfernung, der Kutscher stand neben den Pferden und sah unverwandt auf das Bretterhaus im Wasser. Ob der Kleine wohl je wieder auf den Pferden reiten würde? Ob er ihm wohl je wieder sagen würde: „Johann, wir fahren spazieren, ich sitze bei Dir auf dem Bock und Du gibst mir dann die Zügel?"

Es war ein heißer Sommernachmittag, und doch kam es mir

vor, als wenn von Zeit zu Zeit ein kalter Hauch über den See
herüberwehte, der mich frösteln machte. Und es war so still, trotz
der vielen Leute.

Ich wollte Betti etwas fragen, als die Tür des Badehauses sich
öffnete. Die Leute schritten vom Steg herab an das Ufer. —
„Lebt er?" — „Er lebt!" — Dann kam der Vater, der den
Knaben trug, den man in ein Plaid und in weiche Tücher gehüllt
hatte. Die Mutter folgte von der Badefrau unterstützt. Sie
nahmen Platz in dem Wagen; der Kutscher stieg auf den Bock und
sah in den Wagen hinein. Dann verklärte sich sein Gesicht, und
fort ging's in raschem Trabe.

Die Leute zerstreuten sich. Nur eine Gruppe junger Männer
blieb noch stehen, als warteten sie auf jemand. Der Erwartete
trat aus dem Badehause. Er war durch und durch naß. Das
war der junge Mann, der den Knaben gerettet hatte.

Die jungen Leute eilten auf ihn zu und streckten ihm ihre
Hände entgegen, und dann, so schien es, hielten sie eine Beratung.
Ich ging auf sie zu. „Meine Herren," sagte ich, „ich wohne in der
Nähe. Überlassen Sie es mir, für Ihren wackeren Freund zu
sorgen, denn in den nassen Kleidern kann er nicht bleiben!" — Sie
machten Einwendungen, aber sie kannten mich schlecht: — ich ließ
nicht locker.

Sie gingen mit uns. Vor dem Hause nahmen sie Abschied
und sagten, daß sie gegen Abend wieder vorsprechen und sich bis
dahin im Schloßrestaurant aufhalten würden. Einer von ihnen
trat auf den Retter des Knaben zu und legte ihm seine Rechte auf
die Schulter. Dann blickte er ihn fest und innig an und sagte:
„Gehab' Dich wohl, Felix!" Die beiden mußten gute Freunde
sein, und das gefiel mir gut. — Die jungen Leute schlugen den
Weg zum Schloß ein und wir traten in das Haus.

Der junge Mann sagte: „Gestatten Sie, daß ich mich Ihnen
vorstelle, ich heiße Felix Schmidt."

„Und ich bin die Buchholzen. Nun kommen Sie nur in das
Schlafzimmer. Hier ist ein Hausrock von meinem Mann und
hier Hose und Weste und hier ein Nachthemd und Strümpfe.

Die Morgenschuhe stehen in der Ecke. Kleiden Sie sich nur um.
— Wollen Sie Kaffee oder trinken Sie lieber einen Grog?"

„Ein Grog würde nicht schaden — —"

„Sollen Sie haben. Aber jetzt nur rasch aus dem nassen
Zeuge!"

Ich ging in die Küche und machte ein gehöriges Feuer an.
Nach einer Weile öffnete sich die Tür, die vom Schlafzimmer in
die Küche führt, und Herr Felix Schmidt stand auf der Schwelle.

„Ich mache Ihnen zu viel Mühe," sagte er verlegen.

„Nichts da!" rief ich und nahm ihn beim Arm. „Nun
kommen Sie nur mit ins Wohnzimmer."

Dort setzte ich ihn in den großen Lehnstuhl, und wie er so da
saß, sah ich mir ihn an. Äußerlich war es freilich mein Karl,
und doch war er es wieder nicht. Mein Karl ist dunkel, der junge
Mann ist blond, mein Karl trägt einen Backenbart, er dagegen
einen braunen Schnurrbart, der ihm gar gut zu Gesicht steht.
Aber doch sind sie sich ähnlich, denn so jugendfrisch und blühend
sah mein Karl auch aus, als wir uns kennen lernten und ich noch
nicht wußte, wie lieb ich ihn einst haben würde.

Mittlerweile mußte das Wasser kochen. Die Frau von der
anderen Seite des Hauses erwartete mich in der Küche und fragte,
ob sie mir behilflich sein könnte. Es tat mir leid, daß ich sie immer
links hatte liegen lassen, ich schämte mich jetzt sogar ein wenig vor
ihr, aber ich nahm ihr Anerbieten gerne an.

Wir holten nun das nasse Zeug, wrangten es aus und hingen
es im Garten in den Sonnenschein auf die Leine. Die Stiefel
stülpten wir über zwei Pfähle. Sie waren voll Wasser gewesen,
denn auf dem Fußboden stand ein großer Pfuhl. Die Frau holte
einen Scheuerlappen und wischte ihn auf.

Es war ein Glück, daß mein Karl eine Flasche von dem guten
Meuckow'schen Branntwein mit herausgenommen hatte, denn nun
konnte ich einen köstlichen Grog brauen. Und das tat ich auch. Und
für uns machte ich einen kräftigen Kaffee auf den Schreck, obgleich
wir schon einmal getrunken hatten. Auch die Frau bekam eine
Tasse.

Drinnen in Zimmer saßen Herr Felix Schmidt und Betti, als ich mit dem Grog kam. Die beiden unterhielten sich ganz lebhaft. — Ich sagte ihm, daß er heute eine Familie vor großem Leid bewahrt habe. Er meinte, das hätten andere an seiner Stelle auch getan. Er habe gerade gesehen, wie der Knabe in das Wasser gefallen wäre, und sei am nächsten bei der Hand gewesen.

Die Bolzen waren rot, und ich machte mich an das Plätten. Die Wäsche konnte ja nicht so gut werden, als wenn sie neugestärkt worden wäre, aber ich konnte doch meine ganze Kunst an ihr zeigen. Es war gediegene Wäsche und hübsch gezeichnet. Der junge Mann war ordentlich, das konnte man sehen. Auch die weiße Weste bügelte ich; mein Karl trägt im Sommer stets weiße Westen, und er sagt immer, daß niemand sie ihm so zu Dank macht, wie ich. Dann kam Betti wieder und brachte Herrn Schmidts Uhr, die voll Wasser sei und nicht gehen wolle. — „Wird ihm die Zeit denn schon lang?" fragte ich. — „Nein," erwiderte sie, „wir sprachen nur davon, wie die Stunden rasch vergehen, und da sah er nach der Uhr." — Ich hing die Uhr über dem Feuerherd auf, eine wertvolle, goldene Uhr, kein Spindenschlüssel, wie ihn Bergfeldts Emil früher an der Kette trug. Bergfeldtens waren überhaupt eine Verirrung.

Die Frau hatte ich zum Schlächter geschickt; sie kam wieder und brachte Karbonaden, und setzte sich dann hin und schälte Kartoffeln. Das Zeug wurde nach und nach trocken. Wo ich konnte, half ich mit dem Plätteisen. Es war mir fast, als müßte ich mich für meinen Herzens Karl, für den zu arbeiten mir ja die größte Freude auf der Welt ist. Dann legte ich das Zeug ordentlich beieinander auf mein Bett und stellte die Stiefel daneben, welche die Frau blank gemacht hatte, so gut es gehen wollte.

„So, Herr Schmidt," sagte ich, „es ist alles wieder in der schönsten Konfusion — (man will doch auch einmal einen kleinen Witz machen) — die Maskerade kam nun ein Ende nehmen."

Er war erstaunt, wie alles so rasch in Ordnung gekommen, aber was verstehen Männer auch von heißen Plättbolzen?

Betti und ich deckten nun den Tisch im Vorderzimmer. Wir
legten sieben Gedecke: für Herrn Schmidt, seine vier Freunde
und uns beide. Wein hatten wir im Hause, und mit Gläsern und
Tellern half die Frau aus. Sie benahm sich wirklich reizend und
ich beschloß, von nun an mehr Umgang mit ihr zu pflegen.

Als Herr Felix seine Toilette beendigt hatte und in das Zimmer
trat, sah er aus, wie aus dem Ei gepellt. Wirklich ein stattlicher,
hübscher junger Mann. Nur seine Halsbinde war fort, und von
meinem Karl war keine vorhanden. Betti aber wußte zu helfen.
Sie nahm meine Schere, schnitt einen Streifen von dem Geister=
kostüm und fertigte einen wohlgelungenen weißen Schlips daraus,
den sie ihm aber selbst umbinden mußte. Anders wollte er ihn
nicht annehmen.

Als nun die Freunde kamen, waren die Kartoffeln gar und
Koteletts sind ja bald gebraten. Es schmeckte ihnen trefflich, und
wir alle waren guter Dinge. Der Freund des Herrn Felix erhob
sein Glas und sagte, er wolle in ihrer aller Namen dem gastfreien
Hause den Dank abstatten für die Sorgfalt, die ihrem Kameraden
gewidmet worden sei, und dann stießen Sie an auf das Blühen
und das Gedeihen des Hauses Buchholz. — Ich toastete dagegen
und sagte, ich bedauerte nur, daß mein Karl nicht zugegen sei und
daß ich hoffte, sie alle wiederzusehen. Das versprachen sie auch.
Es war ein reizender Abend. Es mußte aber doch einmal ge=
schieden sein, und Herrn Felix schien es schwer zu werden, wieder
nach Berlin zurückzukehren. Aber auch er folgte den andern, die
schon weit vorauf waren.

Wir räumten ab und setzten uns noch ein wenig vor die Tür.
Es war wundersam draußen, denn in den hellen Nächten schläft
die Natur nicht, sondern druselt nur ein bißchen, weil der Morgen
ja doch gleich wieder kommt. Die Bäume und Sträucher dufteten
in die Nacht hinein und in der Hecke sangen die Heuschrecken.

„Mama," sagte Betti, „das Kaninchen muß morgen fort, es ist
unerträglich. Es verpestet die ganze Wohnung."

„Gottlob," sagte ich.

V

Geheimnisse

Wenn es kalt wird, ziehe ich die Stadt doch dem Lande vor. Als die Blätter draußen auch anfingen modefarben auszusehen, siedelten wir wieder nach Berlin über. Krauses gingen viel früher als wir, weil seine Ferien um waren, und ich war froh, daß sie sich trollten. Am vorletzten Tag haben sie, wie ich von den Leuten erfuhr, bei denen sie gewohnt hatten, Muck in die Pfanne gekriegt und mit saurer Sauce verzehrt. Ich begreife nicht, wie man solche Arglist fertig bringt. Ein so reizendes Wesen, wie Muck war! Nun die Menschen sind ja nicht alle gleich in ihren feineren Empfindungen.

Im nächsten Sommer gehen wir wieder nach Tegel, vielleicht gehe ich allein. Dann besuche ich die alten lieben Plätze im Walde, setze mich auf der Karlshöhe ins Gras, und denke an die Vergangenheit und an die Zukunft, plaudere in Gedanken mit den Töchtern, die wohl schwerlich bei mir sein werden, weil . . . . nun weil sie nicht da sind.

Mittlerweile waren die weihnachtlichen Zeiten wieder gekommen, wo eins Geheimnisse vor dem andern hat, jung vor alt und alt vor jung, die so eifrig behütet werden, als gäb' es das größte Unglück von der Welt, wenn sie verraten würden. Und doch sind sie lauter Liebe.

Meine beiden Töchter hatten sich rechtzeitig mit den nötigen Stickmaterialien zur Weihnachtszeit versorgt und da heutzutage nicht bloß die Wischtücher und Topflappen, sondern sogar die Scheuerwische mit neu-altdeutschen Mustern verziert werden, so widersetzte ich mich der Stickerei auch nicht. Sie ist einmal Mode, und immer noch besser, als das zeitraubende Romanlesen, denn was geht es jemand an, ob sich zweie kriegen oder sich nicht kriegen, die man doch nicht kennt?

Die Kinder waren sehr tätig; namentlich die Emmi. Fragte ich einmal wie verloren: „Nun, Emmi, Du wirst uns diese Weihnachten wohl ganz außerordentlich überraschen?" dann wurde

ſie verlegen und ſagte: „Mache Dich nur nicht auf zu viel gefaßt,
Mama, Du weißt ja: Wenig aber von Herzen!" Da ſie aber die
halben Nächte aufſaß, konnte ich mich nicht beruhigen und legte
mich daher, wie es Pflicht jeder Mutter iſt, aufs Spionieren. —
So genau ich auch aufpaßte . . . ſie war zu ſchlau, und obgleich
ich mit jedem Tage feſter davon überzeugt wurde, daß ſie ein
Geheimnis vor mir hegte, das nicht in geſtickten Taſchentüchern
oder dergleichen beſtand, gelang es mir doch nicht, einen Anhalte=
punkt zu gewinnen. — Wenn ich Betti danach fragte, ſo bekam
ich die Antwort: „Mir ſagt ſie auch nicht, was ſie vorhat,"
und mit meinem Karl wollte ich darüber nicht ſprechen, denn der
war in der letzten Zeit ſtets ſo guter Laune, daß ich ſie ihm mit
Familienquengeleien nicht verderben wollte. Hätte ich aber doch
nur geſprochen, obgleich ſich noch alles zum Beſten gewendet hat.
Jedenfalls hätte ich einen Leib voll Ärger weniger gehabt.

Eines Abends, Emmi und Betti ſaßen in ihrem Zimmer und
arbeiteten an den Weihnachtsſachen, und ich gab meinen Gedanken
Audienz — klingelte es. Ich wie ein Schießhund hinaus, denn
ich hatte mir feſt vorgenommen, auch nicht die kleinſte Kleinigkeit
unkontrolliert ins Haus zu laſſen, und öffne. — „Is et hier richtig
bei Buchholzens?" fragte jemand, der wie ein Handwerkerlehrling
ausſah. — „Ja wohl," antwortete ich, „hier iſt es bei Buch=
holzens." — „Jut," antwortete er, „ick habe mit die Fräulein
Emmi zu ſprechen." Mit einem Male fiel es mir wie Schuppen
von den Augen. „Hier iſt der Schlüſſel zu dem Geheimnis,"
rief es in meinem Innern, und ohne mich lange zu beſinnen,
ſagte ich: „Das iſt ja ſehr ſchön, das Fräulein Emmi bin ich."
— „Da ſind Se wohl ufs Lager liejen jeblieben?" fragte das
freche Geſchöpf. „Na, vielleicht helfen de Hoſendreejer noch!"
Bei dieſen Worten holte er ein Packet heraus, in dem zwei
halbfertige Hoſenträger waren, die er ſich wie zur Probe über die
Schultern ſchlug. „Der Meeſter läßt jrüßen und ſo'n langen
Leib, wo die zu paßten, hätte doch wohl keen Menſch, wenn er nich
als Rieſe jeboren wäre. Oder aber, es wollte eener die Hoſen=
dreejer jleich als Steeje jebrauchen."

„Ja wohl, mein Sohn, sie sind zu lang," erwiderte ich, so ruhig ich konnte. „Ich werde noch einmal nachmessen. Spreche in einer halben Stunde wieder vor. Hier ist ein Groschen!" — „Behalten Sie den man so lange, bis ick retourkomme und Sie mir die anderen dazujehörigen Nickel ooch jeben. Abje! —"

Der unverschämte Patron ging. — Ich besah mir die Hosenträger. Sie waren mit feinster Seide gestickt, lauter Rosenknospen und Vergißmeinnicht; eine wahnsinnig mühevolle Arbeit, aber mindestens um einen halben Meter zu lang. Für wen aber hatte das Kind sich so geschunden? — Dies mußte ich erfahren! — Ich also die Treppe hinauf nach dem Zimmer der Töchter. Ich klopfte an, damit sie Zeit haben sollten, ihre Weihnachtsgeheimnisse zu verbergen, und trat darauf ein, als wüßte ich von gar nichts: „Emmi," sagte ich, „es war eben ein junger Bursche da, der brachte diese Hosenträger. Sie sind ja viel zu lang!" — Emmi blickte mich ganz geisterhaft an und rief: „Ach, nun ist alles verloren!" — „Was ist verloren?" rief ich erschreckt. — „Und wir hatten uns alle so sehr darauf gefreut." — „Aber Kind — —?"

„Da siehst Du wieder, was darnach kommt, wenn Du Dich in alles hineinmischest, Mama," sagte Betti vorwurfsvoll. — „Wieso?" — „Nun, was hilft jetzt noch das Heimlichtun? Du gibst ja doch nicht eher Frieden, als bis Du alles haarklein weißt. Emmi ist mit dem Doktor Wrenzchen verlobt, und Papa hat es zugegeben, und Dr. Wrenzchens Eltern sind damit einverstanden, und Dir wollten wir das Brautpaar zu Weihnachten als Überraschung aufbauen. Die Hosenträger sind natürlich für den Doktor, der immer so furchtbar kurz in den Hosenbeinen ist, und um dem Übel abzuhelfen, sind sie wohl zu lang geraten. So, nun weißt Du alles; die dummen Dinger (sie deutete auf die Rosen und Vergißmeinnicht-Riemen) hätten Dich ja doch bald auf die richtige Spur gebracht."

Ich mußte mich setzen. Emmi verlobt mit dem Doktor! Hinter meinem Rücken! Ohne mein Wissen! — Mir war zu Mute wie einem König, dem man seine Herrschaft nimmt. Meine

Autorität in der Familie war untergraben. Und von wem? Von
einem Fremdling. Von diesem Doktor, der mir schon so oft entgegen gewesen war und nun heimtückisch meinen Karl für sich
gewonnen hatte. Dies war zuviel. Wäre ich mit dem Kopf in
vollem Laufe gegen eine Wand gerannt, ich hätte nicht verbiesterter
dasitzen können, als jetzt.

Mein erstes Gefühl war, in eine laute Lache auszubrechen,
aber ich hielt an mich, denn von mir hing jetzt das Glück meines
Kindes ab; mit dem Doktor konnte ich die betreffenden Hühner ja
noch so oft und so lange pflücken, bis einer von uns auf der Bahre
liegen würde. Ich faßte mich daher, erhob mich und ging bewegt
auf Emmi zu und umarmte und küßte sie. „Meinen Segen hast
Du," sagte ich. „Wäre der Doktor hier . . . ich würde ihn gleich
mitsegnen." — „Ist gut, Mama!" sagte Betti lächelnd und verschwand.

Betti kam wieder und sagte, sie hätte zum Doktor geschickt,
damit er seinen Teil vom Segen abbekäme, aber er wäre bis neun
Uhr auf der Praxis und nach neune könnte er nicht ausgehen, weil
seine Treppen gemalt würden. — „Kann er denn nicht die Hintertreppe hinabsteigen?" — „Es ist keine zweite Treppe in dem Hause,
Mama!" sagte Emmi, „so gemütlich es sonst ist." — „Du warst
schon bei ihm im Hause?" — „Gewiß, mit Papa und den alten
Wrenzchens . . . ach, sind das prächtige, liebe Leute —."

„Ohne mich?" fuhr ich entrüstet auf.

„Ja, Mama. Du wolltest ihn doch immer so gern zum
Schwiegersohn haben, und da dachten wir, ihn Dir zu Weih-
nachten zu bescheren," sagte Emmi. — „Wer kam auf den nied-
lichen Gedanken?" fragte ich. — „Natürlich der Doktor. O,
Mama, er ist so klug und gescheit," rief Emmi. — „Und wenn
Du wüßtest, wie liebevoll er sein kann — —."

„Emmi!" rief ich schmerzlich, „ist Deine Mutter Dir gar
nichts mehr und dieser Doktor, der wie ein Wolf in die Hürden
bricht, alles? Ist das der Dank dafür, daß ich Dich groß gezogen
habe, daß ich Dich hütete wie meinen Augapfel, daß Ihr nun alle
miteinander mich kalt stellt wegen dieses Doktors? Vielleicht ist

es sein Glück, daß die Farbe auf den Treppen erst morgen früh trocken ist, wer weiß, wenn er hier wäre, ob ich . . .“

Emmi legte leise ihre Arme auf meine Schulter. „Hat die Großmutter auch so gescholten, als Du Papas Braut wurdest?“ fragte sie und sah mich glückselig lächelnd an. — „Nein . . . nein . . . Kind . . . ich schelte ja auch nicht. Nur, daß Ihr mich an Eurem Glücke nicht schon längst habt teilnehmen lassen . . . das verdrießt mich!“

„Und wir glaubten, wir würden Dir eine Weihnachtsfreude bereiten, wie nie zuvor. Es geschah ja nur aus Liebe, daß wir schwiegen!“

Das Kind hatte Recht und ich gab mich denn auch bald zu- frieden. Als der Bursche kam, händigte ich ihm die Hosenträger wieder ein und gab ihm das Maß von meinem Karl mit, der ist einen Kopf länger als der Doktor, so daß sie wohl passen werden, wenn er sie hochschnallt. — Mein Karl kam erst spät aus seinem Bezirksverein nach Hause. Allzu liebenswürdig war ich freilich nicht gegen ihn, denn er sollte empfinden, daß man eine Frau nicht ungestraft hintenansetzt, einerlei, ob Weihnachtsüberraschungen beabsichtigt werden oder nicht, die ja nun doch dahin sind.

Ich ließ ihn am andern Morgen mit Seelenruhe die Zeit verschlafen. — Warum ist er auch so? — —

Der heilige Abend rückte immer näher heran. Die Pfeffer- kuchen kamen, die Tannenbäume und mit ihnen der ganze Weih- nachtszauber. Auch in den Zeitungen und Journalen erschienen die kleinen Festgeschichten, die ich jedoch konsequent überschlage. Warum? — Weil sie alle so schrecklich traurig sind. Eins ist ja meistens krank, entweder die Mutter oder der Vater oder das Kind, und das Gesunde hat dann in seiner grenzenlosen Betrübnis ir- gendwo draußen eine gute Begegnung und zum Schluß wird ein Tannenbaum angezündet und die Not ist aus. Wenn so viele wohlhabende Fremde in der Welt herum liefen, wie um die Weih- nachtszeit in den Novellen, dann müßte man doch auch einmal aus Bekanntenkreisen von einem solchen glückspendenden Weihnachts- onkel hören, aber da das nie der Fall ist, glaube ich, daß die

Erzählungsschreiber dieſe Art von Wohltätern nur als Kühlſalbe
gebrauchen, um den künſtlichen Schmerz zu lindern, den ſie dem zartfühlenden Leſer mit dem armen kranken Menſchen verſetzt haben
Wer es weiß, wieviel Elend in der Welt iſt, der braucht nicht noch
nachgemachtes dazu, der verſteht es zu finden und lernt das Helfen
gar bald. Deshalb bin ich gegen die erdichtete Weihnachtstrübſal.

Ich kenne Leute, die es durchaus nicht reichlich haben und
denen ein freigebiger Fremder ſehr zupaß käme, aber ſie behelfen ſich
auch ohne ihn und ſind trotzdem zufrieden. Das habe ich ſo recht
an Weigelts geſehen, die ich am Heiligabend beſuchte.

In unſerem Hauſe war diesmal die Beſcherung ſpät angeſetzt,
weil der Doktor vor zehn Uhr nicht zu uns kommen konnte. Da
dachte ich denn, du gehſt vorher nach Weigelts und hilfſt der jungen
Frau, die das Mädchen wieder abgeſchafft hat, um zu ſparen und
ſich allein im Hausſtand plagt. Um ſieben war ich bei ihr auf dem
vierten Stock, und ſie freute ſich ſehr, als ich kam.

Der Mann hatte geſagt, daß er vom Bureau aus auf den
Weihnachtsmarkt gehen würde, und war noch nicht da. So
konnten wir beiden manches ganz unter uns beſprechen, und da
Auguſte mir alles vertraut, wußte ich bald, wie es bei Weigelts
zugeht. Aus den Schulden ſind ſie immer noch nicht, die erſte auf
Borg genommene Einrichtung war zu teuer und ſeit der Junge da
iſt, kann ſie mit Handarbeit nur wenig dazu verdienen. Wenn ein
Weihnachtsonkel aus Amerika käme und ſie von dem Möbelhändler
befreite, wären ſie ſchön heraus, aber die gibt es leider nur auf dem
Papier.

Trotzdem aber war Auguſte keineswegs verzagt. Im Gegenteil,
ſie war vergnügt, wie noch nie, denn zum erſten Mal baute ſie
ihrem Jungen auf, der erſte Baum ſtand für den kleinen Kerl
geſchmückt da und harrte auf den Augenblick, in dem zwei helle
Kinderaugen ſeinen Lichterglanz trinken ſollten. Der Stammhalter,
wie ſie ihn nennen, lag in ſeinem Bettchen und ſchlief.

„Ich bin fertig mit allem,“ ſagte Auguſte, „nur mein Mann
fehlt noch.“ — „Ich wundre mich, daß Du ganz allein zuſtande
kommſt,“ entgegnete ich, „Deine Wohnung iſt in Ordnung, zum

Abendessen steht alles vorbereitet, die Bescherung hast Du aufge=
baut ... wie wurde Dir das möglich?" — „Ganz einfach,"
erwiderte sie fröhlich, „ich habe ein Zauberwort; seitdem ich das
kenne, geht mir alles rasch von den Händen." — „Und wie heißt
das Wort?" fragte ich neugierig. — „Dalli, dalli!" antwortete sie
lachend. „Es ist ja eigentlich polnisch," fügte sie hinzu, „aber es
sagt sich so leicht, viel bequemer als flink, flink, und klingt dabei
lustig. Wenn ich eine Arbeit anfange, dann rufe ich mir leise
‚dalli, dalli‘ zu; kaufe ich auf dem Markte ein, heißt es: ‚dalli,
dalli‘, sonst erwacht der Junge, ehe Du nach Hause kommst.
Wasche ich mein Geschirr in der Küche auf, scheure ich die Woh=
nung, immer geht's, ‚dalli, dalli‘, und so kommt es, daß ich ganz
allein zur rechten Zeit mit meinem Hausstand in Ordnung bin."

Das gefiel mir gar wohl, und da wirklich alles sauber war,
mußte ich gestehen, daß Auguste nicht nur dalli, sondern auch
gründlich bei ihren Arbeiten ist.

Als nun der Mann kam, wurde er gleich mit dem Bescheid in
das Schlafzimmer gewiesen, den Jungen aufzunehmen und munter
zu machen, und als er dann von drinnen rief: „Wir sind vorzeigbar,"
brannten auch schon die Lichter an dem Bäumchen. — Er
trat mit dem Jungen auf dem Arme ein und blieb an der Tür
stehen. Der Kleine streckte dem Lichte die Händchen entgegen und
sah mit großen Augen das Wunder an. Dann aber rief er:
„Da, da!" und Auguste eilte auf ihn zu und küßte ihn und küßte
ihren Mann, und der hielt sie fest umschlungen. Der Freudenlaut
aus dem lallenden Munde hatte sie glückselig gemacht. Es war
Weihnacht in dem Stübchen auf der vierten Etage. — Dann
kamen die Überraschungen. Sie beschenkte ihren Mann, und er
hatte mancherlei für sie. Jeder hatte sich gewünscht, was er bekam,
und ganz außer sich war Auguste über einen messingenen Mörser,
den sie bis jetzt sehr entbehrt hatte; nur fand sie ihn viel zu
kostbar.

Auch die Kleinigkeiten, welche ich mitgebracht hatte, machten
ihnen Vergnügen. Ich blieb, bis Auguste das Abendbrot bereitet
hatte, und amüsierte mich an dem Jungen. „Er wird groß und

ſtark!" ſagte Herr Weigelt, und der Junge kreiſchte vor Luſt,
während er ſeinem Vater die Haare zerzauſte. Nachher ging ich, ſo
viel Auguſte mich auch zu bleiben bat. „Kinder," ſagte ich, „am
liebſten ſeid Ihr heute doch ganz unter Euch!" — —

Als ich auf die Straße trat, rannte die Menſchheit mehr als
gewöhnlich. Jeder wollte nach Hauſe, und gar viele trugen Packete,
etliche ein Tannenbäumchen, das ſie noch billig erſtanden hatten,
manche aber gingen langſam, als wenn ſie etwas ſuchten. Viel=
leicht die Weihnachtsfreude? Waren ſie einſam in der großen
Stadt und verlaſſen? Wer weiß es ... ich kannte ſie nicht. Aber
alle gingen ſie an dem Hauſe vorbei, wo der Weihnachtsjubel ſo
hell und rein eingekehrt war, wie ich möchte, daß er jedem beſchert
würde. Und was war es, genau beſehen? — Ein kleiner Kra=
bate und ein meſſingener Mörſer.

Bei uns ſah es noch nicht weihnachtlich aus, als ich nach
Hauſe kam, denn es wurde auf den Doktor gewartet. Aufgebaut
hatten mein Karl und ich ſchon am Nachmittage. Emmi war ſehr
unruhig, das ſind Bräute ja auch meiſtens, wenn ihr Abgott in
Sicht iſt. Dann trat Onkel Fritz an; nun wußte ich Beſcheid,
denn die offizielle Verlobungsfeier hatte ich immer noch hinausge=
ſchoben und mit Onkel Fritz verabredet, den Doktor am Heiligabend
heimlich ins Haus zu ſchmuggeln. Wenn er aufgebaut werden
ſollte, ſo wollte ich es beſorgen, das war mein Amt. Ich ging
unbemerkt in das Beſcherungszimmer, in das Onkel Fritz den
Doktor eingelaſſen hatte. Da ſtand er wie ein Einbrecher in der
Nacht. Ich begrüßte ihn und er ſagte mir guten Abend, aber er
ſchien nicht recht zu wiſſen, womit er ſich entſchuldigen ſollte.
„Helfen Sie mir, den Baum anzünden," munterte ich ihn auf, und
gab ihm die Tändſticker. — Er benahm ſich ſo anſtellig dabei, daß
ich ſcherzend ſagte: „Sie ſind zum Familienvater wie geboren."
Dann mußte er ſich in einen blumenbekränzten Lehnſtuhl vor den
Tiſch hinſetzen, auf dem der Baum ſtand, und als ich ihn mir
darauf anſah, machte er ſich ganz prachtvoll, beinahe ſo reputierlich,
wie ein Kirchenrat.

Nun öffnete ich die Tür und überraſcht blickten ſie alle auf den

brennenden Baum und den Doktor. Das hatten sie nicht erwartet.
Emmi rief jedoch gleich: „Da ist er!" und flog auf ihn zu, und
wir freuten uns über die beiden Menschenkinder, die sich die Hände
gereicht hatten und über die der Christbaum sein strahlendes Licht
ergoß. In ihren Augen erglänzte aber noch ein Helleres, Leuchten=
deres als der Kerzenschein! Und das war die Liebe. Mein Karl
ging auf ihn zu und bot ihm die Rechte, in welche der Doktor
einschlug. „Der erste Weihnachtsabend in unserer Familie, die
nun auch die Ihrige ist, lieber Doktor," sagte mein Karl, „möge seine
milde Feier das Band noch fester knüpfen, das uns vereint.
Gemeinsam in Freude, gemeinsam in Leid. Wir gehören zu=
einander!"

Ich wurde ganz gerührt, als mein Karl so sprach, aber ich ließ
nichts merken und sagte: „Nun laßt uns doch sehen, was der
Weihnachtsmann gebracht hat." Das war denn vielerlei. Der
Doktor war sehr glücklich über seinen Aufbau, an dem mich jedoch
eine heimlich von Onkel Fritz hingelegte Gabe empörte, nämlich ein
eleganter Skatblock mit der Devise: ,Wer gibt denn?' Mir hatte
Onkel Fritz ein Theaterstück beschert, das den Titel: ,Rezept gegen
Schwiegermütter' trug und das ich gleich bei Seite tat. Emmi
bekam von ihm eine kleine Pferdebahn, worüber sie sich jedoch
keineswegs erzürnt stellte. Der Doktor hatte sich sehr angegriffen
und überraschte Emmi mit einer prachtvollen Kette nebst Medaillon,
in dem sich sein Porträt befand, so daß ich ihm wegen seiner
Verschwendung Vorwürfe machen mußte. Er meinte aber, die
Sachen behielten ja ihren Wert.

„Du kannst Dir keinen solideren Schwiegersohn wünschen,"
sagte Onkel Fritz mir im Vertrauen, „denn er mauert beim Skat."
— „Das ist mir unverständlich," entgegnete ich, „aber ich weiß
leider, daß er verschwendet, besonders an seinen Geburtstagen." —
„Wer hat das gesagt?" — „Du selbst." — Fritz lachte laut auf. —
„Die einzigen Unkosten, die er macht, ist, daß er sich zur Feier des
Tages die Haare schneiden läßt; wir erzählen aber überall von
seiner vermeintlichen Üppigkeit, damit er geuzt wird." — „Und ich
auch?" fragte ich. — „Du auch!" lachte er. — Ich lachte aber

nicht mit. „Fritz, das darf nicht wieder vorkommen,“ ſagte ich,
„allein ſchon Emmis wegen nicht. Bedenke, wenn ſie die Achtung
vor ihrem Zukünftigen verlöre, denn nichts ſetzt den Menſchen
mehr herab als Uzereien.“ — „Werde nur nicht ſentimental,
Wilhelmine, ſondern tue, was Deines Amtes iſt und rühre einen
Ordentlichen an . . . ohne Punſch iſt keine Verlobung rechts=
kräftig!“ — —

Wir punſchten ſo zu ſagen mit Andacht. Onkel Fritz ließ aber
das Necken doch nicht, denn er ſah öfters nach der Uhr und rief
jedesmal dem Doktor zu: „Wenn Du noch einen Lachs fangen
willſt, wird es die höchſte Eiſenbahn!“ Der Doktor aber meinte,
er könnte ja nicht fort, ſeine Braut hielte ihn feſt an der Hand. —
Wie hübſch es klang, als er meine Tochter ſeine Braut nannte!
Es iſt ja auch der größte Erfolg, den eine Mutter haben kann,
wenn alle Sorgen, alle Liebe, alle Erziehung und die vielen
Unkoſten ſchließlich mit dem Brautkranze gekrönt werden. Liebt der
Doktor Emmi von ganzem Herzen, ſo wird er gewiß den Karten
entſagen und ſelbſt das ſolideſte Mauern aufgeben. Ich werde
nicht aufhören, an ſeiner Beſſerung zu arbeiten.

Mein Karl hielt mir am andern Morgen vor, ich hätte einen
kleinen Zacken gehabt. „Karl,“ entgegnete ich ohne jede Spur von
Unmut, „es war nicht einmal ein Spitz; nur die Freude, . . . die
reine Freude!“

Fragen.

I. (Seite 1—4.)

A. 1. Woher betrachtet der Verfasser das Haus in der Landsbergerstraße?

2. Wie unterscheidet sich das Haus von seinen Nachbarn?

3. Worauf scheinen die kleinen Gebäude Alt-Berlins zu warten?

4. Warum wird sich das Haus noch eine Weile halten?

5. Was ist aus dem vermeintlichen Palaste geworden?

6. Was sieht man durch das Haustor? durch die Glastür?

7. Was versucht man anzusäen?

8. Womit beschäftigen sich die Spatzen und die Hühner?

9. Warum überkommt einen in Berlin das Gefühl der Einsamkeit?

10. Worin besteht der Unterschied zwischen Berlin und einer kleinen Stadt?

11. Was für Bäume blühen in den Anlagen?

12. Worüber wird von den Zeitungen kein Bericht geführt?

13. Welche Vorkommnisse gelangen an die Öffentlichkeit?

14. Wie ist Frau Buchholz der Presse verfallen?

15. Wer wird Anteil an den Sorgen und den Freuden der Familie Buchholz nehmen?

B. 1. Bilde Gegensätze zu folgenden Wörtern: allmälig, vielleicht, bauen, hinabdrücken, Zufall, Heimat, außergewöhnlich, ärgerlich, einfach. (Den Gegensatz bildet man entweder durch ganz neue Wörter oder durch Vorsetzung der Silbe „un.")

2. Leite[1] stammverwandte Wörter von den folgenden ab: Haus, Bau, Kind, schwarz, groß, ganz, halten, wohnen, drängen, doch, erst, nicht.

---

[1] Als abgeleitet betrachtet man Zusammensetzungen, wie: zugunsten, Dienstmann, Einwohner; Ableitungen, wie: Schönheit, Schäfer, legen, Gehäuse.

3. Drücke anders aus: diese Wandpfeiler, welche von der ersten Etage bis fast an das Dach reichen, so sagten die Leute damals, es wird auch jedes Jahr versucht, als wäre der Frühling darin zu Gast, die Mitfahrenden in dem Omnibus.

II. (Seite 5—7.)

A. 1. Von wem spricht man in diesem Abschnitt?
2. Warum war der Tag sonst ein schönes Fest?
3. Wann konnte Frau Buchholz kaum reden?
4. Was verachtete Herr Buchholz nicht?
5. Um wieviel Uhr entfernten sich die Gäste?
6. Wie hieß die alte Aufwaschfrau?
7. Was für ein Mittel wendete die Alte an?
8. Wie lange sollte der Schmerz dauern?
9. Warum ging Frau Buchholz in die Küche?
10. Was riet ihr die Köchin?
11. Um wieviel Uhr ging man zur Ruhe?
12. Welches Mittel empfahl die Polizeileutnantin?
13. Wie brachte man die Essenz in Anwendung?
14. Wie lächelte Karl?
15. Warum beklagte sich der Leidende?

B. 1. Bilde Gegensätze zu folgenden Wörtern: schauderhaftest, stets, sich entfernen, leidend, stillschweigend ging sie hinunter, mit der Flasche, möglich, sie war froh.
2. Leite stammverwandte Wörter von den folgenden ab: acht, je, ob, vor, geben, tun, warten, nehmen, dick, angenehm, dankbar, Rat, Kraft.
3. Drücke anders aus: vor acht Tagen, mich freut es, etwas unangenehm gegen mich, einen Versuch machen, in Anwendung bringen, wir gingen zur Ruhe, der Schmerz war fort, meiner Betti fiel ein.

II. (Seite 8—11.)

A. 1. Warum durfte man Vertrauen zu Herrn Krause haben?
2. Wie sah Herr Buchholz aus?
3. Was sagte der Lehrer über die Ärzte?
4. Womit heilt die Homöopathie?
5. Wann verschwand das Bohren?
6. Wie war das Senfgift aus dem Körper zu treiben?
7. Was wurde dem Kranken verboten?
8. Was für einen Erfolg hatte die Behandlung des Herrn Krause?
9. Woraus bestand das Mittagessen der Familie? durfte Herr Buchholz mitessen?
10. Warum waren die eingenommenen Mittel machtlos?
11. Was sagte Herr Buchholz darüber?
12. Wie ruhte er auf dem Sofa?
13. Was empfahl Onkel Fritz?
14. Was sagte er über die Hausmittel?
15. Warum ging man nicht zu Dr. Wrenzchen?

B. 1. Bilde Gegensätze zu folgenden Wörtern: Zutrauen, vergnügt, einem einen Gefallen tun, Krankheit, Schmerz, es wird besser, am Ende, einfach, machtlos, Komödie.
2. Leite stammverwandte Wörter von den folgenden ab: bitten, sagen, sitzen, gießen, lieb, heftig, bald, Schmerz, Zahn, Ende, Weise, Stimmen, Arzt, Jahr.
3. Drücke anders aus: zustande kommen, verdrießlich, öffnen, sehr heftig, sie blieb lange fort, er antwortete nicht, ich tat einen lauten Schrei, in diesem Augenblick, mit Mühe, dies war mir nicht recht.

III. (Seite 11—16.)

A. 1. Wann feiert man den Silvesterabend?
2. Was hatte die Bergfeldten angefangen?
3. Wer brachte die Einladung?

4. Warum bekam Herr Buchholz einen Schreck?
5. Wer mußte der Frau Wilhelmine das erste Wort
   gönnen?
6. Wieweit konnten Bergfeldts es nie bringen?
7. Warum wollte die Frau nicht die erste sein?
8. Was trank und aß man?
9. Was war mitten auf dem Tische?
10. Wer, nach Onkel Fritz, würde überall gelesen?
11. Wer hielt die Rede?
12. Wie viel hat es geschlagen? Wo war die Uhr?
13. Wem dankte man die Versöhnung?
14. Worum hatte Karl Herrn Krause gebeten?
15. Auf welche Verlobungen hoffte Frau Buchholz?

B. 1. Bilde Gegensätze zu folgenden Wörtern: zuletzt, keineswegs,
   menschenfreundlich, das erste Wort, gebildet, altjahrs=
   abend, es ging doch, gefüllte Gläser, ich sagte zu, etwas
   Passendes.

2. Leite stammverwandte Wörter von den folgenden ab:
   feiern, beten, wissen, säen, für, wohl, auf, neben, nach,
   voll, Herr, Student, Hoffnung, Freude, lang, Mund.

3. Drücke anders aus: in dem folgenden Jahr, ohne Schuld,
   mit einer Kleinigkeit Schärfe, einen Schreck bekam,
   präzis, acht Tage, redete keiner ein Wort, wie früher,
   mit einem Male, schlug es zwölf, auf dem Erdboden.

IV. (Seite 16—20.)

A. 1. Warum ist es nicht leicht, bescheiden in der Nähe von
   Berlin zu bleiben?
2. Warum entschied man dafür nach Tegel hinauszuziehen?
3. Was soll von Humboldt erfunden haben?
4. Wie wohnten Frau Buchholz und Betti in Tegel?
5. Warum wurden sie die Gespensterfamilie genannt?
6. Wie schützte man sich gegen Mückenstiche?

7. Womit beschäftigte sich Betti? Wohin taten sie das Kaninchen?
8. Welche Unannehmlichkeiten entstanden?
9. Wie regelte sich ihr Leben?
10. Warum lächelte Onkel Fritz, als er den Kosmos brachte?
11. Wie las man das Buch vor?
12. Wer kamen an den Sonnabendabenden?
13. Wie brachte man den Sonntag zu?
14. Wen traf Frau Buchholz eines Morgens?
15. Mit wem hatten die zwei Damen den Umgang aufgegeben?

B. 1. Bilde Gegensätze zu folgenden Wörtern: billig, in der Nähe, der Hintergrund, die Gebildeten, schweigsam, nach hinten, recht schön, meine Weisheit, kaufen, obendrauf, ausdauernde Regenzeit, zu meiner Freude.

2. Leite stammverwandte Wörter von den folgenden ab: Kunst, Berlin, Woche, Geschäft, von, mit, niedrig, finden, schreiben, sein, nützen, rufen, grob, Paar, lächerlich, blau, hell, klar.

3. Drücke anders aus: wir waren in der Schweiz, Emmi ist beim Vater in der Stadt geblieben, als hätte ich einen Kropf, ich schrieb daher an Emmi, ihnen zum Ärger, mit Ruhe lesen, ich hatte mich mit der Krausen überworfen.

IV. (Seite 21—25.)

A. 1. Was wurde gehört? Wer war in den See gefallen?
2. Wer rettete den Knaben?
3. Wohin trugen sie ihn? Wie sah er aus?
4. Wer waren im Badehaus?
5. Wie fuhr der Erettete ab?
6. Wer erbarmte sich des wackeren jungen Mannes?
7. Wohin gingen — Herr Felix — die jungen Leute?

8. Wie kleidete sich Herr Felix um?
9. Warum schämte sich Frau Buchholz?
10. Wie braut man Grog?
11. Warum wollte die Uhr nicht gehen?
12. Worin bestand der kleine Witz von Frau Buchholz?
13. Wie viele Gäste waren bei Tische?
14. Wer ging zuletzt nach Berlin?
15. Warum mußte das Kaninchen fort?

B. 1. Bilde Gegensätze zu folgenden Wörtern: plötzlich, er kam
        empor, in einiger Entfernung, herab an das Ufer, das
        gefiel mir gut, öffnete sich die Tür, äußerlich, eine
        Tasse, drinnen, am nächsten, blank machen, im Vorder=
        zimmer, wie aus dem Ei gepellt, ein reizender Abend.

    2. Leite stammverwandte Wörter von den folgenden ab:
        Schrei, Knabe, Pferd, kalt, jung, schlecht, schaden,
        kennen, brauen, in, immer, über, sein, all, gleich.

    3. Drücke anders aus: ehe sie damit fertig wurden, mir
        war als sei verschwunden, von Zeit zu Zeit, sie nahmen
        Platz, die Leute zerstreuten sich, ich heiße Felix, nach
        einer Weile, sie sind sich ähnlich, es war ein Glück, ich
        machte mich an das Plätten, als Felix seine Toilette
        beendigt hatte, wir waren guter Dinge.

V. (Seite 26—29.)

A. 1. Wann siedelten nach Berlin über — die Buchholzen —
        Krauses?
    2. Wie war es mit dem Kaninchen?
    3. Was für Geheimnisse hat man zu Weihnachten?
    4. Was hatten sich die beiden Töchter versorgt?
    5. Warum konnte sich Frau Buchholz nicht beruhigen?
    6. Was antwortete Betti?
    7. Wer kam an die Tür? Was wollte er?
    8. Was war in dem Packet?

9. Wie lang waren die Hosenträger?

10. Worauf hatten sich alle so gefreut?

11. Wann baut man Geschenke auf?

12. Wer hatte die Autorität der Mutter in der Familie untergraben?

13. Warum konnte der Doktor nicht kommen?

14. Wer waren alle beim Doktor gewesen?

15. Was wollten die Töchter zu Weihnachten bescheren?

B. 1. Bilde Gegensätze zu folgenden Wörtern: ich ziehe die Stadt dem Lande vor, eifrig, tätig, darüber, guter Laune, als Riese geboren sein, ein junger Bursche, hinter meinem Rücken, von einem Fremdling, niedlich, klug, gescheit, liebevoll.

2. Leite stammverwandte Wörter von den folgenden ab: Staat, Land, Berlin, kriegen, fassen, wissen, obgleich, hier, vielleicht, Hosenträger, Vergißmeinnicht, vorwurfs= voll, umarmen, Weihnachten.

3. Drücke anders aus: mittlerweile, lauter Liebe, wenig aber von Herzen, in der letzten Zeit, guter Laune sein, ich gab meinen Gedanken Audienz, für wen hatte sich das Kind so geschunden? das Heimlichtun, verbiesterter, die betreffenden Hühner pflücken, einen Kalt stellen.

V. (Seite 30—32.)

A. 1. Was hat Frau Buchholz verdrossen?

2. Was hatten die beiden Schwestern verschwiegen?

3. Warum war die Frau nicht allzu liebenswürdig gegen ihren Mann?

4. Wo erschienen die Festgeschichten? Womit beschäftigten sie sich?

5. Warum glaubte Frau Buchholz, daß Weihnachtsonkel erdichtet sind?

6. Um wie viel Uhr war die Bescherung angesetzt?
7. Bei wem machte Frau Buchholz einen Besuch?
8. Wer war Frau Weigelt? Wo wohnte sie?
9. Warum hatte sie sich im Hausstand zu plagen?
10. Warum war der Mann nicht zu Hause?
11. Nenne das Zauberwort, das der jungen Frau so sehr half. Was bedeutete es?
12. Was rief Auguste beim Scheuern? Auf dem Markte?
13. Wohin wurde der Mann gewiesen? Was mußte er tun?
14. Wie sah der Kleine den Baum an?
15. Was für Überraschungen waren es?

B. 1. Bilde Gegensätze zu folgenden Wörtern: glückselig lächelnd, nicht ungestraft, schrecklich traurig, zum Schluß, Weihnachtstrübsal, spät angesetzt, unter uns, fertig mit allem, Wohnung ist in Ordnung, munter.

2. Leite stammverwandte Wörter von den folgenden ab: zufrieden, Kopf, Frau, Morgen, krank, Not, Fall, Art, Elend, helfen, sparen, Uhr, manches, Borg, Amerika, trinken, Ordnung, Zauber, Arbeit, sauber, treten, Laut, groß.

3. Drücke anders aus: der heilige Abend rückte immer näher heran, die Not ist aus, die Novellen, das nie der Fall ist, die es durchaus nicht reichlich haben, sehr zupaß kommen, wären sie schön heraus, alles steht vorbereitet, antwortete sie lachend, der hielt sie fest umschlungen, sie beschenkte ihren Mann, zu kostbar.

V. (Seite 33—35.)

A. 1. Weshalb kreischte der Junge vor Lust?
2. Was sagte Frau Buchholz, indem sie Auguste verließ?
3. Wohin rannte die Menschheit? Warum gingen manche langsam?

4. Wen erwartete Emmi? Wer war der Abgott?

5. Wie wurde der Doktor aufgebaut?

6. Warum blickte man überrascht auf den Lehnstuhl?

7. Was rührte Frau Buchholz? Ließ sie etwas merken?

8. Welche Gaben bekamen Frau Buchholz — Emmi — der Doktor?

9. Wie mauert man beim Skat?

10. Was wurde von der Frau angerührt?

11. Wie fängt man einen Lachs?

12. Welches ist der größte Erfolg einer Mutter?

B. 1. Bilde Gegensätze zu folgenden Wörtern: die Haare zerzausen, mehr als gewöhnlich, gingen langsam, meistens, heimlich, einlassen, die Liebe, vielerlei, verschwenden, aufhören, Besserung.

2. Leite stammverwandte Wörter von den folgenden ab: viel, tragen, Stadt, Jubel, Messing, Braut, Amt, brechen, erwarten, Feier, Seite, Bahn, greifen, vorwerfen, Wert, mauern, uzen, Andacht, oft, Hand, krönen, Spur, freuen.

3. Drücke anders aus: gar viele, es wurde auf den Doktor gewartet, das war mein Amt, die Tändsticker, ich scherzend sagte, das ist mir unverständlich, besonders, sentimental, tue was Deines Amtes ist, einen Lachs fangen, Zacken, ohne jede Spur.

Aufgaben.

I. (Seite 1—4.)

1. Buchstabiere, lies silbenweise, folgende Wörter: Haus, rechts, Hand, bis, Opfer, zu, führt, gehört, Vorlageblätter, geläutet, welche, wohl, Leute, Friedrichshain, unterscheidet, griechisch, die, Papier, reichen, Hause, daß, sollte, Stock, sind, ihnen, Aufriß, stehen, denen, denn.

2. Bilde die Mehrzahl von jedem Hauptwort, setze vor jedes Hauptwort ein Zahlwort: Sonntagsrock, Haus, Bahnhof, Stadtbahn, Straße, Stück, Flügel, Garten, Luft, Licht, Schornstein, Jahr, Baum, Erde, Frühling, Gast, Stadt, Mensch, Fremder.

3. Ergänze folgende Sätze: (1) er muß es für ein— glücklich— Zufall halt—, (2) es überkommt (er) das Gefühl in d— laut— Treiben d— Tag—, (3) und doch ist jed— Haus ein— Heimat, die Familien in d— Häus— hab— Verwandt—, (4) sie gleich— jen— Garten, den die hoh— Mauer— einschließen, (5) mit d— glitzernd— Tropf—, (6) über d— erst— Blüt— jen— Baum—.

4. Gib dem Geschlechtswort die richtige Endung: (1) mit d— Leben in d— Häusern, (2) von d— Geburt bis zu d— Tode, (3) d— Natur gab d— Frau Buchholz d— Veranlassung, (4) jeder Brief gewährte ein— Einblick in d— Leben d— Familie, (5) wem gefällt nicht d— Schilderung d— Lebens d— Reichshauptstadt? (6) er wird Anteil an d— Sorgen und an d— Freuden d— Frau Wilhelmine nehmen, (7) d— Türen bleiben d— Fremden verschlossen.

5. Hänge an folgende Wörter eine Verkleinerungsilbe: Paar, Stock, Grab, Kopf, Garten, Baum, Wald, Herz, Brief. Setze davor das bestimmte Geschlechtswort.

II. (Seite 5—7.)

1. Dekliniere in der Einzahl und in der Mehrzahl: (1) unſer Hochzeitstag, (2) das ſchönſte Feſt, (3) eine kleine Geſellſchaft, (4) kein Koſtverächter, (5) die halbe Friedrichſtraße, (6) ein ausge= zeichnetes Mittel, (7) ein leinener Faden.

2. Gib den Fürwörtern den richtigen Fall: (1) (ich) freut es, (2) das machte (ich) beſorgt, (3) fehlt (du) was? ich ſchlug (er) vor, (4) die Köchin ſagte zu (ich), (5) wir begleiteten (ſie) die Treppe hinunter, (6) ich drückte (er) ein Stück in den Zahn.

3. Wandle folgende Zeitformen in allen Perſonen ab: (1) ſo heißt die Aufwaſchfrau, (2) warum ſollte man, (3) ich redete ihm zu, (4) dann ging ſie wieder, (5) wenn ich Zahnſchmerzen habe, (6) es hilft, (7) ich hätte dies getan, (8) die Backe wurde rot, (9) ich kann nicht ſagen, (10) nichts beſſer ſei.

4. Bilde das Perfekt von: (1) wuchs, (2) ſchnitt, (3) ging, (4) warb, (5) nehmen, (6) kochen, (7) umbinden, (8) kam, (9) fiel ein.

5. Erkläre folgende Zuſammenſetzungen: (1) Hochzeitstag, (2) Kalenderheilige, (3) Menſchenſeele, (4) Vorwürfe, (5) Tagelohn, (6) Polizeileutnantin.

II. (Seite 8—11.)

1. (*a*) Lies ſilbenweiſe Zeile 3—9, Seite 8; (*b*) nenne die Satzeichen.

2. Setze an Stelle der Striche ein paſſendes Bindewort: (1) — Herr Krauſe Lehrer iſt, darf man Zutrauen zu ihm haben, (2) — bin ich mehr für Hausmittel, (3) er war ſehr verdrießlich, — er nur mit dem einen Auge gut ſehen konnte, (4) ich habe Zahn= ſchmerzen, — mir iſt gar nicht nach Humor zu Mute, (5) die Ärzte kennen die Natur nicht, — ſie lernen ſie doch nicht, (6) man denke ſich eine Flaſche voll Waſſer, — hat man ein homöopathiſches Heilmittel.

3. Ergänze den Dativ (bzw. den Akkusativ): (1) haben Sie
Bohren in den (Zahn)? (2) zieht der Schmerz von der (recht, Backe)
nach der (link, Backe)? (3) er ließ (mein, Mann) drei Kügelchen
nehmen, (4) der Geist der Arznei kämpfte mit (die Krankheit),
(5) außerdem verbot er (er) Tee usw., (6) Karl dauerte (ich)
entsetzlich, (7) Herr Krause hat (der Po=ho) noch nicht heraus=
getrieben.

4. Beispiel: lesen, du liest, las, (habe) gelesen, verändere
ebenso: laß, wollte, rauchen, essen, herausgetrieben, eilte, nach=
geschlagen, handelt, aufblickte, sah, kam, rief.

5. Leite von folgenden Wörtern durch Anhängen der Nachsilben:
ung, keit, schaft, in, ing, ling, chen oder tum, Hauptwörter ab.
Setze das bestimmte Geschlechtswort davor: erwarten, wirken, Herr,
einfältig, Kind, gräßlich, reich, Haupt, jung, Freund.

III. (Seite 11—16.)

1. Bilde die Mehrzahl von: (1) in dem folgenden Jahr,
(2) ich kann nicht sagen, (3) im ersten Moment, (4) sie war es, die
anfing, (5) er nahm die Einladung an, (6) die ich lange nicht
an ihm bemerkt hatte, (7) obgleich er diesen Blick kennt, (8) weiter
sagte ich kein Wort, (9) ich kämpfte mit mir selber.

2. Anstatt der Striche setze den betreffenden Fall des bezüglichen
Fürwortes: (1) das neue Medaillon, — Du mir geschenkt hast,
(2) das Kind, — sehr vorteilhaft aussah, (3) eine Verbeugung, —
acht Tage auf Eis gelegen hatte, (4) Verse hat er gedichtet, in — er
sagte, (5) jedes Jahr legt einen Ring um die, — sich lieben,
(6) Onkel Fritz, — die Glocke schlug, — im Nebenzimmer stand,
machte Unsinn.

3. Setze (a) das Präsens, (b) das Perfekt: (1) hierauf
antwortete die Bergfeldten, (2) während die jungen Leute spielten,
(3) es war ganz wie zu alten Zeiten, (4) zum Schluß gab es Eis,
(5) wir saßen zwar ein bißchen eng, (6) vor dem Tisch sangen wir,

(7) wir gingen nach Lindenau, (8) die Rede ausbringen, (9) alle Hoffnungen erfüllen, (10) das alte Jahr sei unser Freund gewesen.

4. Setze die Zeitwörter in die Leideform: (1) erhob sich Herr Krause, (2) es erfüllt alle Hoffnungen, (3) wie der liebe Gott es für gut halte, (4) was es auch bringe, (5) die Bergfeldten luden uns zu ihrem Geburtstag ein, (6) ich hatte ihn darum gebeten, (7) und gab ihm einen tüchtigen Kuß.

5. Setze in die gerade Rede die Rede von Herrn Krause.

6. Bilde Hauptwörter oder Adjektive aus: fahren, pflegen, sprechen, ermutigen, nähern, lieben, hoffen, schlagen, lachen, stören, leben, begraben.

IV. (Seite 16—20.)

1. Ergänze nach den Vorwörtern den betreffenden Fall: (1) dies gefiel uns wegen (die Umgebung), (2) soll er auf (wir) verzichten? (3) er arbeitet sich für (ich) ab, (4) man fühlt auf (die Spaziergänge) das Walten des Genius, (5) die Verhältnisse erinnerten sie an (der treulose Emil), (6) wir sitzen vor (die Tür), (7) wir setzten uns vor (die Tür), (8) ich schrieb an (die Tochter), (9) wir saßen an (der Waldrand), (10) jemand sprang in (der See), (11) der Knabe lag in (das Boot).

2. Setze die Fürwörter in den richtigen Fall: (1) um (er) die Wirtschaft zu führen, (2) es schnitt (ich) durch die Seele, (3) wir hatten (wir) vorgenommen, (4) es gibt viele Mücken (der) der See ausbrütet, (5) was nützt (sie) meine Weisheit? (6) ich will ein Wesen haben, (welcher) ich liebe, (7) sie begrüßte (ich) sehr artig.

3. Gib dem Attribut die richtige Endung: (1) sie erfreute sich an dem hübsch— Kaninchen, (2) die Frau verrichtete die grob— Arbeit, (3) man sollte gedruckt— Bücher verstehen, (4) ausdauernd— Regenzeiten kamen, (5) er hopst in einer blau— Jacke umher, (6) ich erfuhr zu mein— Freude, (7) er trug einen hell— Anzug. (8) ihr— meist— Kaffeetaffen haben kein— Henkel.

4. Ergänze — fein, haben oder werben, indem Du die betref=
fende Zeitform anwendeft: (1) das Zeug — fo niederträchtig gerochen,
(2) ihnen zum Ärger — wir mit unferm Koftüm durch das Dorf
gegangen, (3) fo — er auf fich angewiefen, (4) die Kaninchen — uns
zerftreuen, (5) morgen — gebadet werden, (6) woburch ich müde —,
(7) er — den Kosmos lefen, (8) an den Sonnabenden — Karl
und Emmi gekommen.

5. Gib das richtige Vorwort: (1) die Familie zog — Tegel
hinaus, (2) — der Schweiz zu weilen, (3) der Globus gehört —
den beliebteften Zimmerzierden, (4) man hat den alten Kirchhof
— fich, (5) in und — Tegel gibt es viele Mücken, (6) wir nahmen
Muck mit — das Freie.

6. Leite von folgenden Wörtern Abjektive ab durch Anhängen
von — bar, en, haft, ig, ifch, lich oder fam: Kind, Mann, Jahr,
Dank, Erde, fchweigen, Frucht, teilen, dort, Namen, Not, Balfam,
lächeln, frei, ganz, arm.

IV. (Seite 21—25.)

1. Setze folgende Sätze in die Mehrzahl: (1) ein Knabe fei
in den See gefallen, (2) er hatte ihn und legte ihn in das
herbeigeeilte Boot, (3) ich fah nicht mehr den blauen See, ich fah
nur das Badehaus, das den Ertrunkenen barg, (4) die Mutter
folgte von der Badefrau unterftützt, (5) hier ift ein Hausrock
und hier Hofe und Wefte und hier ein Nachthemd, (6) ich ging in
die Küche und machte ein gehöriges Feuer an, (7) fie nahm meine
Schere, fchnitt einen Streifen von dem Geifterkoftüm und fertigte
einen wohlgelungenen weißen Schlips daraus, den fie ihm felbft
umbinden mußte.

2. In folgenden Sätzen füge das richtige rückbezügliche
Fürwort hinzu: (1) abermals verfchwanden die, — hinabgefprungen
waren, (2) ich fah nicht mehr den See und — Ufer, (3) der
Vater trug den Knaben, — man in Tücher gehüllt hatte, (4) es
war mir faft, als müßte ich mich für Karl, für — zu arbeiten

mir eine Freude ift, (5) der Freund wollte den Dank für die Sorgfalt abstatten, — ihrem Kameraden gewidmet worden sei.

3. Gib an, welches Geschlecht die abgeleiteten Hauptwörter durch ihre Ableitungssilben erhalten: Fischer, Schönheit, Hoffnung, Buchholzen (=in), Kaninchen.

4. Ergänze das fehlende fragende Fürwort: (1) — war geschehen? (2) — trug der Vater? (3) — Hausrock trug Herr Felix? (4) — verstehen Männer von Plättbolzen? (5) — hielt die Rede?

5. Beispiel: Bretterhaus = ein Haus aus Brettern. Löse auf: Teelöffel, Augenblick, Badehaus, Sommernachmittag, Schloß= restaurant, Lehnstuhl, Fußboden, Spindenschlüssel, Halsbinde.

V.   (Seite 26—29.)

1. Setze die ungerade Rede anstatt der geraden: (1) mache Dich nur nicht auf zu viel gefaßt, Mama, Du weißt ja: Wenig aber von Herzen, (2) [ich bekam die Antwort] mir sagt sie auch nicht, was sie vorhat, (3) das ist sehr schön, das Fräulein Emmi bin ich, (4) Du wolltest ihn doch immer so gern zum Schwiegersohn haben, und da dachten wir, ihn Dir zu Weihnachten zu bescheren.

2. Wandle folgende rückbezügliche Zeitwörter (a) im Perfekt ab: ich setze mich, mich beruhigen, sich freuen, (b) im Präsens: ich erhob mich, sich schmeicheln, ich wunderte mich.

3. Setze Adjektive, Zahlwörter oder Partizipien anstatt des Striches: (1) am — Tag haben sie Muck in die Pfanne gekriegt und mit — Sauce verzehrt, (2) meine — Töchter hatten sich mit den — Materialien versorgt, (3) bei — Worten holte er ein Packet heraus, in dem — Hosenträger waren, die er über — Schultern schlug, (4) die — Dinger hätten Dich doch bald auf die — Spur gebracht, (5) der — Patron ging, (6) mit dem Doktor konnte ich die — Hühner pflücken, (7) ein so — Wesen, wie Muck war!

4. Konjugiere folgende Zeitformen in der tätigen Form: (1) die so eifrig behütet werden, (2) wenn sie verraten würden, (3) ich wurde überzeugt, (4) seine Treppen gemalt würden, (5) ich bin überrascht worden.

5. Erkläre die folgenden Wörter dadurch, daß Du die Wortarten angibst, wovon sie zusammengesetzt sind: vorletzt, Karlshöhe, Weihnachtszeit, überzeugt, verderben, hinaus, Hosenträger, geisterhaft, untergraben, umarmen, vielleicht, Augapfel.

V. (Seite 30—32.)

1. Setze folgende Sätze in die Einzahl: (1) wir glaubten wir würden Ihnen Freude bereiten, (2) die Pfefferkuchen, die Tannenbäume, die Festgeschichten kamen, (3) die Erzählungsschreiber gebrauchen diese Art von Wohltätern nur als Kühlsalbe, (4) wir sind vorzeigbar, brannten auch schon die Lichter, (5) dann kamen die Überraschungen.

2. Schreibe folgende Sätze mit den Adjektiven und den Umstandswörtern im Komparativ und im Superlativ: (1) sah mich glückselig lachend an, (2) allzu liebenswürdig war ich nicht, (3) der heilige Abend, (4) dem zartfühlenden Leser, (5) und sind trotzdem zufrieden, (6) wußte ich bald, (7) das gefiel mir wohl, (8) der hielt sie fest umschlungen, (9) hatte sie glückselig gemacht, (10) viel zu kostbar, (11) er wird groß und stark.

3. Bilde das Präteritum des Konjunktivs: (1) wer weiß? (2) gescholten, (3) nehmen, (4) verdrießt, (5) gab, (6) passen, (7) empfinden, (8) beabsichtigt. Wie heißt das Präsens von: (1) heranrücken, (2) überschlagen, (3) anzünden, (4) lindern, (5) geschehen, (6) vorbereiten, (7) aufzunehmen, (8) umschlungen?

4. Verwandle folgende Aussagesätze in Befehlsätze, (a) in der Einzahl, (b) in der Mehrzahl: (a) sie legte leise ihre Arme auf meine Schulter, ich lasse ihn die Zeit verschlafen, du gehst vorher nach Weigelts, ich scheure die Wohnung, (b) das Kind hatte Recht, du bist sehr traurig, sie freut sich sehr. Setze in die ungerade Rede: glaube es nicht, verstehe es zu finden, er sagte: besuche mich.

5. Leite von folgenden Zeitwörtern durch Anhängen von Vorsilben andere ab, sage ob sie trennbar sind, gib an ob — haben oder sein zu brauchen ist.

Beispiel: halten, anhalten (haben). händigen, lassen, laufen, setzen, helfen, schaffen, sich halten, es friert, es läutet.

V. (Seite 33—35.)

1. Schreibe folgende Sätze mit den Zeitwörtern in (a) dem Futur und in dem Plusquamperfektum: (1) nachher ging ich, so viel Auguste mich auch zu bleiben bat, (2) als ich auf die Straße trat, rannte die Menschheit mehr als gewöhnlich, (3) wer weiß es, ich kannte sie nicht, (4) wenn er aufgebaut werden sollte, so wollte ich es besorgen, das war mein Amt, (b) dem Perfekt und in dem Futurum exaktum der Leideform: (5) ich wurde gerührt aber ich ließ nichts merken, (6) er meinte aber, die Sachen behielten ihren Wert, (7) liebt der Doktor Emmi, so wird er das Mauern aufgeben, (8) ich werde an seiner Besserung arbeiten.

2. Nenne im Stück: einen Hauptsatz, einen Subjektsatz, einen Objektsatz, einen Attributsatz und einen Umstandsatz. Was für Nebensätze liegen hier vor? (1) Bei uns sah es noch nicht weihnachtlich aus, als ich nach Hause kam. (2) Etliche trugen ein Tannenbäumchen, das sie noch billig erstanden hatten. (3) Er meinte aber, die Sachen behielten ja ihren Wert. (4) Die einzigen Unkosten, die er macht, ist, daß er sich zur Feier des Tages die Haare schneiden läßt.

3. Welchen Wortarten gehören folgende Partikeln an? Der Junge kreischte vor Lust: was geht hier vor? Das war denn vielerlei: Du kannst dir keinen solideren Schwiegersohn wünschen, denn er mauert beim Skat. Während er seinem Vater die Haare zerzauste: während der Feier.

4. (*a*) Setze vor jeden Satz eine adverbiale Bestimmung: (1) die Menschheit rannte mehr als gewöhnlich, (2) ich kannte sie nicht, (3) mein Karl und ich hatten aufgebaut, (4) ich öffnete die Tür, (5) wir punschten mit Andacht. (*b*) Welche Bindewörter im Stück sind beiordnend und welche unterordnend?

5. Nenne (*a*) die Adjektive zu: Deutsch, Frankreich, Schweiz, Arabien, Amerikaner, (*b*) die Hauptwörter zu: ägyptisch, persisch, englisch, preußisch, dänisch.

Aufsatzthemen mit Stichwörtern zur Nacherzählung (zuerst mündlich).

I. (Seite 1—4.)

Beschreibe das Haus der Familie Buchholz.

Landsbergerstraße — stehen — Haus — sich unterscheiden — daß — Ladenschaufenster — Pilaster — haben. — Wandpfeiler — Haus — Aussehen — geben, so — sich abheben — Mietskasernen — der — Gebäude — Opfer — fallen. Dieser — Haus — sich — Weile — halten, denn — Bau — Umgebung — abstechen. Passen — noch — in Berlin — weil — Nachwuchs — bauen. Flügel — Haustor — öffnen — so — auf — Flur — Glastüre — sehen. Hof — liegen — Garten — wo — Rasen — ansäen, — welcher — Spatzen — Hühner — zerstören. Apfelbaum — Fliederbüsche — blühen — Frühling — aber darüber — keine Zeile — drucken. Frau Wilhelmine — Gartentor — Leser — öffnen.

II. (Seite 5—7.)

Herr Buchholz erzählt wie man ihn behandelt hat.

Herr Buchholz sagte, daß, erstens, die alte Grunert — Sympathiemittel — wissen — das — viel — helfen. In — Garten — gehen — Span — schneiden — Zahn — bohren — bis — bluten. Wieder — Baum — gehen — Span — fest — binden — fragen ob — Schmerz — fort sein. Zweitens — sagen — Köchin — sollen — Senfspiritus — nehmen — Backe — einreiben. Mittel — in Anwendung — bringen — fressen — stark — Backe rot werden. Zahntuch — umbinden. Polizeileutnantin — raten — drittens — Po=ho=Essenz — welcher — Mädchen — bald — bringen. Schrecklich — leiden — endlich — Frau — Watte — Zahn — drücken. Sich — besser — fühlen — Schmerz — zurück= kommen. Betti — gehen — Herr Krause — holen.

II. (Seite 8—11.)

Onkel Fritz spricht mit Herrn Buchholz über Hausmittel.

O. F. Was hat man mit Dir aufgestellt?

H. B. Zahnschmerzen — haben — zu Herrn Krause —
schicken — der — mit seiner Apotheke — kommen — immer —
den Humor oben — rufen. Ärzte — nicht — nötig — überhaupt
— Geheimnisse — keineswegs — kennen. Endlich — Akonit mit
Pulsatilla — geben.

O. F. Werden — Leiden — gehoben?

H. B. Schmerzen — werden — gräßlicher.

O. F. Können — nicht — Wrenzchen — schicken?

H. B. Frau — meinen — Hausmittel — unendlich — billig.
Wer — zum Arzt — schicken? Wozu — Hausmittel?

O. F. Hausmittel — Dich — quälen — martern — sollen —
nicht — Alteweiberkram — elenden lassen. Sich — anziehen —
Zahnarzt — fahren. Bald — Schmerzen — los — sein. Mit —
alle — gut — meinen. Jedoch — Homöopathie — machtlos!

III. (Seite 11—16.)

Am Silvesterabend.

Der kleine Eduard erzählt in der ersten Person: Ich saß neben
Papa. Bei Tische — nett. Erst — haben — Mahnspielen — gern
essen — dann — dürfen — etwas Fisch — haben — Meerrettich —
nicht mögen. Rippespeer — man — mir — nicht — erlauben —
aber — Kompott — wohl. Zum Schluß — viel Eis — intus
haben — sehr kalt. An — Bowle nippen — besonders — wenn —
niemand — beobachten — und — alle — fideler — werden. Mit=
singen wollen — aber — Klaps — bekommen — als — lang=
weilig — Rede — Papa — halten. Zuletzt — Herr Fritz — aus —
Zimmer — gehen — um — Glocke — heimlich — schlagen —
lassen. Aber — Unsinn — machen — Feuerzange — dreizehn —
schlagen. Gäste aufbrechen — ich — Bett — gehen — müssen.

IV. (Seite 16—20.)

Emmi beschreibt den Ausflug nach Tegel.

Mutter und Betti — Tegel — hinausziehen — Papa — ich — Hause — bleiben. Alle acht Tage — um — Luftwechsel — hinausfahren. Mutter — schreiben — ich — sollen — Ballröcke — hinausbringen — um daraus — Schleiergewänder — wegen — Mückenstiche — herstellen. Betti — viel — Lesen — da — Mutter — für von Humboldts Kosmos — schwärmen. Da aber — Muck davonhüpfen — müssen — sie — unterbrechen — Mutter — einschlafen. An Sonnabendabenden — nach Tegel — allerlei — Genußreiches — mitnehmen — in dem Wald speisen — Lange Zeit — mit Betti — herumwandern — während Eltern — plaudern. Mit der Pferdebahn zurückkommen — Mutter — immer sagen — seien erst eben angekommen.

IV. (Seite 21—25.)

Schilderung des Herrn Felix und des Abendessens.

Herr Felix — hübsch — blond — Schnurrbart — jugendfrisch und blühend. War — in — Wasser — springen, Knabe — retten — dadurch — daß — zweimal — untertauchen. Als — aus — dem Badehause — treten, Frau Buchholz — für — ihn — sorgen, indem — nach — Hause — nehmen — Kleider — Mann — leihen. Naß — Zeug — trocknen — plätten — die Frau — helfen. Der Tisch — decken — fünf — Gäste — erwarten. Indessen — schicken — die Frau — zum Schlächter — Karbonaden — bringen — nachher — Kartoffeln — schälen. Drei Freunde — die — im Schloßrestaurant — sich aufhalten — kommen — zu Tische — gehen. Während — Mahlzeit — Freund — Glas — erheben — Dank — abstatten — und — auf das Blühen — anstoßen. Frau Buchholz — toastete — dagegen — Abwesenheit — Karl — bedauern — alle — einladen. Man — guter Dinge — Abend — reizend. Endlich — Herr Felix — nach Berlin — zurückkehren.

V. (Seite 26—30.)

Der Handwerkerlehrling teilt seinen Genossen seinen Gang zu Buchholzens mit.

Jetzt — sein — weihnachtliche Zeiten — und Weihnachtsgeschenke auch — kommen. Jedermann — haben — Geheimnisse — alt vor jung — jung vor alt — die — eifrig behüten. Wenig aber vom Herzen. Neulich — müssen — wegen — Geschäft — Landbergerstraße — gehen — zu — groß — mit Wandpfeilern geziert — Haus — wo — Buchholzens — wohnen. Ich — klingeln — grüßen — fragen — ob es bei Buchholzens — sein —, weil ich — Packet — für — Fräulein Emmi — haben. Alte Schachtel — Tür — aufmachen — sagte — Fräulein Emmi — sein. Sie — sein — wohl — auf dem Lager — liegen bleiben — hoffentlich — haben — Hosenträger — zum Anbeter — helfen. Kein Mensch — aber — wohl — haben — ein — so lang — Leib, daß — Hosenträger — ihm — passen — wenn nicht — als Riese — geboren — oder — sie — als Steige — gebrauchen, wollen. Trinkgeld — kriegen — müssen — nach — halb — Stunde — zurückkommen. Wieder klingeln — Maß und Geld bekommen — zurück — zum Meister.

V. (Seite 28—33.)

Karl beschreibt Herrn Krause, wie man den Doktor aufbaute. Unter Benutzung des folgenden Stoffes, schreibe ein zusammenhangende Erzählung. Mache die nötigen Veränderungen.

„Dir wollten wir das Brautpaar zum Weihnachten als Überraschung aufbauen" (S. 28).

„Wer kam auf den niedlichen Gedanken?" fragte ich. — „Natürlich der Doktor" (S. 29).

Der heilige Abend rückte immer näher heran (S. 30).

In unserem Hause war diesmal die Bescherung spät angesetzt, weil der Doktor vor zehn Uhr nicht zu uns kommen konnte (S. 31).

Als ich nach Hause kam, wurde auf den Doktor gewartet (S. 33).

Wenn er aufgebaut werden sollte, so wollte ich es besorgen, das war mein Amt (S. 33).

Dann mußte er sich in einen blumenbekränzten Lehnstuhl setzen (S. 33)....Das hatten sie nicht erwartet (S. 34).

Ich kenn' ein Bäumchen, gar fein und zart;
Das trägt euch Früchte seltener Art;
Es funkelt und leuchtet mit hellem Schein
Weit in des Winters Nacht hinein.
Das sehen die Kinder und freuen sich sehr
Und pflücken vom Bäumchen und pflücken es leer.

V. (Seite 33—35.)

Die Verabredung von Onkel Fritz. Seine Neckereien.

„Ich hatte mit Wilhelmine verabredet, den Doktor am Heiligabend heimlich ins Haus zu schmuggeln."

Daher — ihn — in Bescherungszimmer — einlassen. Wilhelmine — finden — Dr. Wrenzchen — wie — Einbrecher — der Nacht — der — nicht — wissen — wie — sich — entschuldigen. Sie — muntern — ihn — auf — Baum — anzünden, scherzend — sagen — er sei — Familienvater — geboren. Als — Tür — geöffnet — alle — überrascht. Dann — Bescherung — stattfinden. Schwester — jedoch — ich empörte dadurch, daß ich — Theaterstück — gab — so wohl als — dem Doktor — Skatblock. Dr. Wrenzchen — der — geborener Skatspieler — ist — und ich — öfter in Nifelheim — spielen. Wilhelmine — meinen — das Skatspiel — nur Unglück — in die Familie — bringen. Daher — sagen — Doktor — solider — Schwiegersohn — da — beim Skat — mauern. Ihn — wollen — ich — zu — Kartenspiel — verleiten, indem — von Zeit zu Zeit — höchste Zeit — rufen. Der Drückeberger — aber — behaupten — Braut — ihn — festhalten.

Wörterverzeichnis

abarbeiten, *reflex*. to overwork
abbekommen, to receive
Abendbrot, *n*. supper
abermals, again
Abgott, *m*. idol
abhaben, to have a part of
abheben, *reflex*. to be set off
abhelfen, to remedy
abräumen, to clear away
abschaffen, to discharge
Abschied, *m*. leave
abschneiden, to cut off
absehen, to aim at
abstatten, to pay, return
abstechen, to contrast
Achtung, *f*. esteem
Abje, adieu
ähnlich, alike
Ahnung, *f*. suspicion
allein, but
allerlei, (of) all kinds
allerliebst, most delightfully
allmälig, by degrees
Altersschwäche, *f*. weakness of old
　age
Alteweiberkram, *n*. old woman's rub-
　bish
Amt, *n*. office; deines — es sein, to
　be your duty
Anbacht, *f*. devotion
ändern, *reflex*. to change
anderwärts, elsewhere
Anerbieten, *n*. offer

Anfang, *m*. beginning
angenehm, pleasant
angreifen, *reflex*. to exert oneself
Angst, *f*. anxiety
ängstlich, anxious
Angstpartie, *f*. anxious moment
anhaften, to adhere
Anhaltspunkt, *m*. fulcrum, essential
　proof
anklopfen, to knock
ankommen, to arrive; auf etwas —,
　to depend on; darauf —, to be
　a matter of; schön —, to catch
　a Tartar
Anlagen, *f. pl*. gardens
Anmaßung, *f*. pretension
annehmen, to accept
Anrecht, *n*. claim
anrichten, to cause
anrühren, to touch
ansäen, to sow
ansehen, to see (from appearance)
Ansehen, *n*. sight
ansetzen, to fix
anstellig, handy
anstoßen, to clink glasses, touch
Anteil, *m*. interest
Antlitz, *n*. face
antreffen, to find
anwachsen, to adhere, grow to-
　gether
anweisen, auf — angewiesen, driven
　back on

anwenden, to employ

Anwendung, f. in — bringen, to make use of

anzeigen, to indicate

anziehen, to dress

Anzug, m. suit

anzünden, to light up

Apfelblüte, f. apple blossom

Apotheke, f. chemist's shop, medicine chest

ärgerlich, vexatious

ärgern, *reflex.* to lose one's temper

Arglist, f. deceit, craft

arm, poor

artig, polite

Arzneimittel, n. remedy

Arzt, m. doctor

Assessor, m. assistant judge

Atem, m. breath

Aufbau, m. heap of presents

aufbauen, to give as a Christmas present

aufblicken, to look up

aufbrechen, to leave

auffahren, to start up, flare up

auffallen, to strike

Aufgabe, f. task

aufgehen, to rise, swell

aufgelegt, disposed

aufjubeln, to shout for joy

aufmuntern, to encourage

aufnehmen, to take up

aufpassen, to heed, look out

aufrichtig, sincerely

Aufriß, m. sketch, elevation

aufsitzen, to sit up

aufsprießen, to spring up

aufstellen, to do (with)

Aufwand, m. expenditure

Aufwaschfrau, f. charwoman

aufweisen, to produce, exhibit

aufwischen, to wipe up

Augapfel, m. apple of an eye

ausbringen, to utter, speak

ausbrüten, to hatch out

ausbauernd, lasting

Ausdruck, m. expression

auseinandersetzen, to explain

Ausflug, m. expedition

ausgeschnitten, open at the neck

ausgezeichnet, splendid, excellent

aushalten, to bear, endure

auslachen, to laugh at

ausmalen, to paint, picture

ausschelten, to scold

aussehen, to seem

Aussehen, n. appearance

außen, von —, from without

außerdem, besides

außergewöhnlich, unusual

äußerlich, external

außerordentlich, unusually, extraordinary

ausjeuchen, to recover

Aussicht, f. view

aussprechen, *reflex.* to have a good talk

ausüben, to exercise

auswringen, to wring out

Backe, f. cheek

Backenbart, m. whiskers

Badehaus, n. bathing house

Badesteg, m. bathing gallery

Bahnhof, m. station

Bahre, f. bier

bald, soon

Band, n. bond, tie

bauen, to build

Baumeister, m. architect

beabsichtigen, to intend

beachten, to notice

bedauern, to regret, pity, be sorry

Bedauern, n. regret

bedenken, to consider

Bedeutung, f. meaning

befreien, to free

begegnen, to meet

Begegnung, *f.* meeting, encounter

begleiten, to accompany

begraben, to bury

begreifen, to grasp

Begriff, *m.* idea

begrüßen, to greet

behalten, to keep

behandeln, to treat

behelfen, *reflex.* to resort to, manage

behilflich, serviceable

behüten, to keep, guard

beieinander, together

Beigeruch, *m.* flavour, smack

beißen, to bite, sting

beistehen, to help, assist

beistimmen, to agree

Bekannte, *pl.* acquaintances

Bekanntenkreis, *n.* acquaintanceship

bekennen, to know, confess, admit

bekommen, to get

Belang, *m.* importance

belehrend, didactically

beleidigen, to insult

Beleidigung, *f.* insult

beleuchten, to light

beliebt, beloved, favourite

benachbart, neighbouring

benehmen, *reflex.* to behave

beobachten, to observe

bequem, convenient

bequemen, *reflex.* to yield, comply

Beratung, *f.* council

bereiten, to prepare

bereits, already

bergen, to conceal

Bergfeldt, prop. name, *pl.* Bergfeldts, —ens ; *fem. sing.* Bergfeldten (for —in)

Bericht, *m.* information

beruhigen, *reflex.* to be easy, be composed

beschatten, to shade

Bescheid, *m.* instructions; — wissen, to know what to do

bescheiden, modest

beschenken, to present

bescheren, to bestow upon

Bescherung, *f.* distribution of gifts

beschließen, to determine

besehen, to consider; *reflex.* to inspect

besinnen, *reflex.* to bethink oneself

besitzen, to possess

besonder, especial, particular

besorgen, to attend to, see to

besorgt, anxious

besprechen, to discuss

Besserung, *f.* recovery

bestehen, to stand firm; — aus, to consist of ; — in, to consist in

bestimmen, to besiege, attack

Bestimmtheit, *f.* decision

besuchen, to visit

Betragen, *n.* behaviour

betreffend, respective

Betrübnis, *f.* sorrow, anxiety

bewahren, to preserve

Bewandtnis, *f.* state of affairs

bewegt, with emotion, moved

Bewußtsein, *n.* knowledge, consciousness

Beziehung, *f.* connection, particular

Bezirk, *m.* district, sphere ; —sverein, *m.* ward, association ; —svorsteher, *m.* guardian

Bibliothek, *f.* library

Biersuppe, *f.* beer soup

bildlich, metaphorically

Bildung, *f.* education

billig, cheap

bitten, to ask, beg

bis, — zu, by

bißchen, little

blank, polished

bleiben, to remain

bleich, pale

Blitz, *m.* lightning

bloß, merely

Blühen, *n.* prosperity
blumenbekränzt, garlanded
Blüte, *f.* bud, blossom
bluten, to bleed
Bock, *m.* box
Bohne, *f.* bean
bohren, to bore, poke
Bohren, *n.* boring, gnawing, pain
Bolzen, *m.* heater (of an iron)
Borg, *m.* credit
böse, wicked
Bowle, *f.* punch(bowl)
Branntwein, *m.* brandy
Braten, *m.* roast (meat)
brauen, to brew
Braut, *f.* engaged woman, betrothed
Brautkranz, *m.* wedding wreath
Brautpaar, *n.* bridal pair
brennen, to burn
Bretterhaus, *n.* plank-house, wooden-shed
bringen, um —, to deprive of
bügeln, to iron
bunt, gay, variegated
Bureau, *n.* office
Bursche, *m.* lad
Busen, *m.* bosom

chinesisch, Chinese

Dach, *n.* roof
dagegen, on the other hand, in opposition
daheim, at home
dahin, thither; — sein, to be past
damit, therewith, in order that
danach, after that, about it
daneben, by the side, aside
danken, to thank
daran, — sein, to be next in turn
dauern, to make sorry
davonhüpfen, to hop away
dazugehörig, belonging to

dazwischen, between
decken, to cover, lay the cloth
belektieren, to delight
Denkmal, *n.* monument
denn, for; es sei — daß, unless
dergleichen, such things
desgleichen, alike, the same
deshalb, therefore
dessenungeachtet, nevertheless
deuten, to point (to), refer to
deutlich, plainly
Devise, *f.* legend
dichten, to compose
dick(e), thick, puffy, swollen; — zu tun, to put on airs
Ding, *n.* guter —e sein, to be merry
Doktorbuch, *n.* medical handbook
draußen = daraußen, outside, abroad; hier —, out here
dreizehnjährig, thirteen years old
drin = darin, therein
bringen, in einen —, to press, urge
drinnen = darinnen, within
Drückeberger, *m.* a timid player, funk, shirker
drucken, to print
drücken, to press
Druckerschwärze, *f.* printer's ink
duften, to smell sweet
dumm, stupid
dumpf, dull, hollow
dunkel, dark
dünn, thin
durchaus, quite, by all means
durchschneiden, to cut, traverse
durchschreiten, to walk along
durchschütteln, to shake well
duseln, to doze

ebenso, likewise
echt, genuine
Ecke, *f.* corner
Ehe, *f.* marriage
eifrig, zealous

eigensinnig, obstinate
eigentlich, really, actually
eilen, to hurry, hasten
Einblick, m. glimpse, insight
Einbrecher, m. burglar
Einbruch, m. burglary
einerlei, all the same
einfach, simple
einfallen, to occur
einfältig, simple
eingeben, to give (as medicine)
eingestehen, to confess
einkaufen, to purchase
einkehren, to enter
Einladung, f. invitation
einlassen, to admit
einnehmen, to take (physic)
einreiben, to rub
Einrichtung, f. furniture, fittings
Einsamkeit, f. solitude
einschenken, to pour out
einschlafen, to fall asleep
einschlagen, to put one's hand (in), take
einschließen, to enclose
einstimmen, to join in the singing
eintreten, to enter
einverstehen, to agree
Einwendung, f. protestation
einwerfen, to protest
Einwohnerschaft, f. inhabitants
einzig, only
Eisenbahn, f. (railway) time
eitel, vain
Elend, n. misery
elenden, to distress
Eltern, pl. parents
empfinden, to feel
Empfindung, f. feeling
empören, to vex, annoy
eng, narrow, close
entbehren, to do without, want
entfalten, reflex. to open
entfernen, to go away

Entfernung, f. distance
entgegen, towards
entgegenrufen, to exclaim, call out
entgegenstrecken, to hold out
entgegnen, to reply
entlegen, remote
entrüstet, angry
Entrüstung, f. annoyance
entscheiden, reflex. to decide
entschuldigen, reflex. to excuse
Entsetzen, n. horror
entsetzlich, dreadfully
entstehen, to arise, spring up
Equipage, f. carriage
erdichtet, imaginary, fabricated
Ereignis, n. event
erfahren, to learn
erfinden, to discover, invent
Erfolg, m. success
erfreuen, reflex. — an, to take delight in
erfüllen, to fulfil
ergießen, to pour, shed
erglänzen, to shine
erhalten, to preserve
erheben, to raise; reflex. to rise
erinnern, to remind
erleben, to experience
Erlebnis, n. experience
Ermangelung, f. need
ermutigen, to encourage
erschrecken, to frighten, be alarmed
ersinnen, to imagine
erst, only, just
erstehen, to buy
erstickt, choked
Erstverschlimmerung, f. first exacerbation
ertrinken, to drown
erwachen, to wake
erwidern, to answer
Erzählungschreiber, m. novelist
Erziehung, f. bringing up
erzürnt, angry

Etage, *f.* story
etliche, some
Extrazug, *m.* excursion train

Faden, *m.* thread
Fähigkeit, *f.* capability
Fall, *m.* case, instance
fallen, zum Opfer —, to be sacrificed
Familienleben, *n.* family life
Familienquengeleien, *f. pl.* domestic grumbles
Familienverzweiflung, *f.* family despair
Farbe, *f.* colour, paint
färben, to colour, dye
fassen, *reflex.* to collect oneself
fast, almost
fehlen, to miss, be absent, wanting
feierlich, solemn, festive
feiern, to celebrate
Ferien, *pl.* holidays
fertig, ready, finished
fest, firm
Festgeschichte, *f.* holiday tale
festigen, to strengthen
feucht, damp, wet
Feuerherd, *m.* hearth
Feuersbrunst, *f.* fire
Feuerzange, *f.* tongs
fidel, merry
fixieren, to look steadily at
Flasche, *f.* bottle
Fleck, *m.* spot, place
Fliederbusch, *m.* lilac tree
flink, quick
Flügel, *m.* wing, side
Flur, *m.* and *f.* hall, corridor
Folge, *f.* zur —, as a result
folgen, to follow
fort, — sein, to be gone
frech, impudent
Freie, *n.* open air
freigebig, generous, liberal
Freigeist, *m.* free thinker, sceptic

freilich, freely, certainly
fremb, strange, foreign
Frembling, *m.* stranger
fressen, to devour, sting
Freudenlaut, *m.* cry of joy
Freundschaft, *f.* friendship
Friede(n), *m.* peace
froh, happy, glad
fröhlich, happy, joyful
frösteln, to shiver
früh, early
frühstücken, to breakfast
fügen, *reflex.* to bow, submit
führen, to lead, manage, carry on
furchtbar, frightful
fürchterlich, terrible, horrible
Fußboden, *m.* floor

Gabe, *f.* gift
Gallenfieber, *n.* bilious fever
Gang, *m.* errand
Gans, *f.* goose
ganz, quite
gar, quite, cooked ; — nicht, not at all
gassenhaft, vulgar
gastfrei, hospitable
Gebäude, *n.* building
geben, to give, deal ; *reflex.* to abate
gebildet, educated, fine, refined
Gebirge, *n.* mountain(s)
gebrauchen, to make use of
Geburt, *f.* birth
Geburtstag, *m.* birthday
Gebüsch, *n.* bushes
Gedanke, *m.* thought
Gedeck, *n.* cover, place
Gedeihen, *n.* success
gediegen, superior
Gedräng, *n.* throng, press
Geduld, *f.* patience
gefährlich, dangerous
Gefalle(n), *m.* pleasure
gefallen, to please

gefaßt, — auf, prepared, ready for

Gefühl, n. feeling

gegen, towards, about

Gegenmittel, n. antidote

Gegenteil, n. contrary

gehab' Dich wohl, take care of yourself

Geheimnis, n. secret

gehören, to belong

gehörig, suitable, due, proper

Geißel, f. scourge

Geist, m. spirit

geisterhaft, ghost-like, mysterious

gelangen, to arrive, reach

Gelegenheit, f. opportunity, occasion

gelehrt, learned

gelingen, impers. to succeed

gelten, to be a question of; es gilt —, — is at stake

Gelüst, n. longing, freak

gemeinsam (in), common, joint, combined

gemütlich, pleasant, cheerful, comfortable

genau, exactly

Genoß, m. comrade

Genuß, m. enjoyment

genußreich, enjoyable

gepellt, wie aus dem Ei —, as neat as a new pin

gerade, right, exactly

geraten, to get, prove

gering, slight

geschehen, impers. to happen

gescheit, sensible

Geschirr, n. crockery

Geschöpf, n. creature

Gesellschaft, f. society, company, party

Gesicht, n. face

gesotten, boiled

Gespenst, n. ghost

Gespräch, n. conversation

Gestade, n. shore

gestalten, reflex. to take shape, appear

gestatten, to allow, permit

gestehen, to confess

Gesteinsschichtung, f. rock stratification

Gesträuch, n. shrubs

gesund, healthy

getränkt, moistened

gewahren, to perceive

gewähren, to offer

Gewalt, f. force

gewaltig, mighty

gewinnen, to gain, win

gewiß, certainly

gewissenhaft, scrupulously

gewöhnlich, usual

Gewürz, n. spice

gierig, eager, greedy

gießen, to pour

gleich, at once

glitzern, to glitter

Globus, m. globe

Glocke, f. clock, bell

glückselig, happy

glückspendend, joy-bringing

gönnen, to grant, allow, favour

gottlob, praise God

Grab, n. grave

gräßlich, horrible

grenzenlos, boundless

Groschen, m. ten Pfennig piece (in nickel)

Grund, m. ground, reason

gründlich, thorough

haarklein, to a nicety

halbfertig, half-finished

Hals, m. neck

Halsbinde, f. tie

halten, to keep; — für, to consider as; reflex. to last, hold out

Handapotheke, f. portable medicine chest

C.   5

handeln, to act

händigen, to hand

Handumdrehen, n. im —, in a trice

Handwerkerlehrling, m. apprentice

harren, to wait

Haß, m. hatred

Hauch, m. breath

Häuserreihe, f. terrace

Hausmittel, n. domestic remedy

Hausstand, m. household

heben, to relieve, remove

Hecke, f. hedge

heftig, violent

hegen, to cherish, entertain

heilen, to cure

heilig, sacred

Heiligabend, m. Christmas Eve

Heimat, f. home

heimlich, secret

Heimlichtun, n. mystery

Heimstätte, f. homestead

heimtückisch, treacherous

heiraten, to marry

heißen, to bid; to run, be named, called; *impers.* it is said

helfen, to help

hellgrau, light gray

Hemd, n. shirt

Henkel, m. handle

herausmachen, *reflex.* to start, thrive

herausreißen, to drag out

heraustreiben, to drive out

herbeiführen, to bring about

Herrschaft, f. rule

herstellen, to make up

herüberwehen, to blow across

herumwühlen, to rummage about

hervorblühen, to spring up

hervortreten, to emerge

herzlich, hearty

hetzen, to hunt

Heuschrecke, f. grasshopper

heutzutage, nowadays

himmelanstrebend, sky-scraping

hinabbrücken, to drive down

hinabsteigen, to go down

hinausschieben, to put off

hinausziehen, to go out

hineinmischen, *reflex.* to interfere

hinlegen, to place

hintenansetzen, to slight

Hintergrund, m. background

Hintertreppe, f. backstairs

hin und wieder, now and again

hinzufügen, to add

Hochmut, m. pride

hochschnallen, to buckle high

Hochzeitstag, m. wedding day

Hof, m. court, yard

hoffentlich, it is to be hoped

Hoffnung, f. hope

höhnen, to scoff, jeer

höllisch, infernal

Holunderbusch, m. elder tree

Holzschuh, m. wooden shoe, sabot

Holzsplitter, m. wood splinter

Hose, f. trousers

Hosenbein, n. trouser-leg

Hosenbreejer = Hosenträger, m. braces

hübsch, pretty

Huhn, n. hen, fowl

hüllen, to cover, muffle up

Humor, m. good temper, spirits

Hundeschinden, n. flaying of dogs, vivisection

Hürde, f. fold

hüten, to guard

innehalten, to stop

Innere, n. interior, heart

innig, cordial

irgend, any, some

jahrelang, for years

jemals, ever

jugendfrisch, young and brigh

Junge, m. boy, lad

jut = gut

Kahn, *m.* boat
Kalenderheilige, *m.* patron-saint
Kamillentee, *m.* camomile tea
Kampfer, *m.* camphor
Kaninchen, *n.* rabbit
Karbonade, *f.* cutlet
Karpfen, *n.* carp
Karte, *f.* card
Kartoffel, *f.* potato
Katzenschlachten, *n.* slaughter of cats
kaum, scarcely
Keim, *m.* germ, shoot
keineswegs, in no way, not at all
Kelchröhre, *f.* tube
Kerzenschein, *m.* candle-glow
Kette, *f.* chain
Kirchenrat, *m.* member of a church council
Kirschmarmelade, *f.* cherry preserve
Klaps, *m.* slap
Klavier, *n.* piano
kleinbürgerlich, middle-class, shopkeeping
Kleinigkeit, *f.* trifle
Klemme, *f.* dilemma
klingeln, to ring, jingle, sound
klopfen, to knock
klug, clever, wise
Knospe, *f.* bud
knüpfen, to tie, knot
kochen, to boil, cook
Köchin, *f.* cook
Kommodenkasten, *m.* drawer
Kompott, *n.* fruit preserve
konsequent, consistently
kopfstehen, to stand on one's head
Körper, *m.* body
kostbar, precious, costly, expensive
köstlich, delicious
Kostverächter, dainty person
Krabate, *m.* brat, urchin
Kraft, *f.* force
kräftig, strong

krank, ill, sore, decayed
Krankheit, *f.* illness
Krebs, *m.* crab
Kreis, *m.* sphere, circle
kreischen, to shriek
kriegen, to obtain, get, win
Kriegsbeil, *n.* (war) hatchet
krönen, to crown
Kropf, *m.* crop, wen
Küche, *f.* kitchen
Kügelchen, pilule
Kühlsalbe, *f.* cooling salve
kümmerlich, miserably
Kunst, *f.* art
künstlich, artificial
Kutscher, *m.* coachman

Lache, *f.* laugh
lächeln, to smile
Lachs, einen — fangen, to play skat, the loser standing treat
Ladenschaufenster, *n.* shop window
Lager, *n.* lair, storehouse
lallen, to lisp
lamentieren, to complain, moan
längst, for long
lassen, to let, make
Laut, *m.* sound
läuten, to ring
lauter, nothing but
läutern, to purify
lebhaft, lively
leer, empty
legen, *reflex.* — auf, to give oneself up to
Lehnstuhl, *m.* armchair
Lehrer, *m.* schoolmaster
Leib, *m.* body
Leibgericht, *n.* favourite dish
Leid, *n.* suffering, sorrow ; — tun, vex, hurt
leiden, to suffer
Leiden, *n.* suffering
leider, unfortunately

leinen, linen
leise, quiet
leisten, to perform
leugnen, to deny
Licht, n. candle
Lichterglanz, m. brilliance
liebenswürdig, amiable
liebevoll, loving
lieblos, unloving
Lied, n. song
Linde, f. lime-tree ; unter den —n, the name of a street in Berlin
lindern, to lessen, mitigate
links, on the left, aside
Lippe, f. lip
locker, — lassen, to relax
Lorbeeröl, n. laurel-oil
los, free
lüften, to air
Luftwechsel, m. change of air
Lust, f. delight
Lustgarten, m. pleasure-grounds
lustig, merry

Mädchen, n. maid, servant
Mairegen, m. May shower
malen, to paint
man, (fam.) only
manch, many a
mancherlei, all sorts of things
Markthalle, f. covered market
martern, to torture
Maß, n. measure
mattgemustert, dimly stained
Mauer, f. wall
mauern, to risk nothing, bluff, " pass " (at cards) with a good hand
Maulen, n. sulking
Medaillon, n. locket
Meerrettich, m. horseradish
meinen, to give as an opinion, intend, say
Menschenalter, n. generation

menschenfreundlich, humane, social
Menschengeschlecht, n. human race
Menschenseele, f. human soul
merkwürdig, remarkable
messingen, of brass
Mietskaserne, f. tenement-house, flats
mindestens, at least
mißverstehen, to misunderstand
Mitfahrende, pl. fellow-passengers
Mitleid, n. compassion
mitsegnen, to bless (in addition)
Mittel, n. means, remedy
Mitmensch, m. fellow-man
mittlerweile, in the meantime
Möbelhändler, m. furniture dealer
Möbelstoffe, pl. furniture covers
Mode, f. fashion
modefarben, of a fashionable (undecided) colour
möglich, possible
Mond, m. moon
Mörser, m. mortar
Motiv, n. motive
Mücke, f. midge, gnat
Mückenstich, m. gnat-sting
Mühe, f. trouble
mühevoll, toilsome
Mund, m. mouth
mündlich, viva voce
munter, lively
Muster, n. pattern
Mut, m. zu — sein, to be inclined
Mütze, f. cap

nachgeben, to give in
nachgemacht, copied, imitated
nachgerade, at length, after all
nachmessen, to measure
nachsagen, to say (to someone's hurt)
nachschlagen, to consult
nächstens, shortly
nachstürzen, reflex. to throw
nachträglich, subsequent

Nachwelt, f. posterity
Nachwuchs, m. rising generation
Nähe, f. neighbourhood
nähen, to sew, make
nähern, to approach
namentlich, especially
nämlich, indeed, that is to say
naß, wet
naturgemäß, natural
natürlich, naturally
Nebenzimmer, n. next room
Necken, n. teasing
Neckerei, f. teasing
nett, nice, pretty, pleasant
netzen, to moisten
Neubau, m. pl. —e, —ten, new
  building
Neue Welt, new world (name of a
  shop)
neugierig, curious, inquisitive
neulich, lately
neustärken, to starch fresh
Nickel, m. nickel coin
niederträchtig, abominable
nieblich, pretty
niedrig, lowly
Not, f. misery
nötigen, to compel, invite
nötig haben, to want
notwendig, necessary
nur, — noch, only just
nützen, to be of use

ob, whether
ober, upper
obgleich, although
Öde, f. desert
öffentlich, public
Öffentlichkeit, f. publicity
ordentlich, adj. respectable, tidy,
  good, tasty ; adv. thoroughly,
  properly
Ordnung, f. order
Ostern, pl. Easter

panthern, to prowl (like a panther)
passen, to suit
Patron, m. fellow
Pause, f. interval
peinigen, to torment
Pfahl, m. post
Pfanne, f. frying pan
Pfefferkuchen, m. gingerbread
Pferdebahn, f. tramway
Pferdebahnwagen, m. tramcar
pflegen, to be accustomed ; Umgang
  —, to maintain acquaintance
Pflicht, f. duty
pflücken, to pluck
Pfuhl, m. pool, puddle
Pilaster, m. pillar
plagen, reflex. to toil
Plätteisen, n. iron
plätten, to iron
plaudern, to chat
plötzlich, suddenly
Polizeileutnantin, f. the wife of a
  police inspector
polnisch, Polish
Postbezirk, m. postal district
prächtig, splendid, capital
Praxis, f. practice
präzis, punctually
Probe, f. trial
prosit, -- Neujahr, Happy New Year
prüfen, to try, test
prunkvoll, pompous
Pute, f. turkey hen

quälen, to torment
quartalsweise, quarterly

Rabenvater, m. unnatural father
rasch, quick
Rasen, m. grass, turf
Rat, m. advice
raten, to advise
rauchen, to smoke
Rechte, f. right-hand

rechtskräftig, valid
rechtzeitig, in good time
Redaktion, *f.* editor's office
reden, to talk
Refrain, *m.* chorus
regeln, *reflex.* to settle oneself
reiben, to rub
reichen, to hold out, reach, hand
reichlich, rich, plentiful
reizend, charming
reputierlich, respectable
Rest, *m.* remains
retten, to rescue
richtig, correct, right, regular
Riemen, *m.* strap, brace
Riesenengel, *m.* gigantic angel
ringen, to struggle
Rinnstein, *m.* gutter
Rippespeer, *m.* roast ribs of pork
roh, rough
Romanlesen, *n.* novel reading
Rosenknospe, *f.* rosebud
rücken, to approach
ruhig, quiet
rühren, to stir, move
Rundbogen, *m.* round arch
rüsten, *reflex.* to get ready

Sache, *f.* thing, cause
säen, to sow
sauber, clean
sauer, acid, piquant
Saures, *n.* (anything) acid
Schabe(n), *m.* harm
schaben, to do harm, spoil
schälen, to peel
schanden, zu — machen, to spoil, ruin
Schärfe, *f.* bitterness
Schatten, *m.* shade
schauderhaft, horrible
schaudervoll, frightful
scheiden, to part
scheinen, to seem
schelmisch, roguish

schelten, to scold
Schere, *f.* scissors
scherzen, to joke
scheuen, *reflex.* to be afraid
Scheuerlappen, *m.* cloth
scheuern, to scour
Scheuerwisch, *m.* dish cloth
schicken, to send
Schießhund, *m.* pointer
Schilderung, *f.* description
schimmern, to glimmer
schinden, *reflex.* to toil and moil
Schlächter, *m.* butcher
Schlafzimmer, *n.* bedroom
Schlagsahne, *f.* whipped cream
schlau, clever, sly
schlecht, bad
Schleier, *m.* veil
Schleiergewand, *n.* veil (to cover head and shoulders)
schließlich, at last, finally
schlimm, bad
Schlips, *m.* tie
schloßartig, palatial
Schluck, *m.* draught
schlucken, to swallow
Schluß, *m.* end, conclusion
Schlüssel, *m.* key
schmecken, to taste
Schmerz, *m.* pain
schmerzlich, painful
Schmetterlingsjagd, *f.* butterfly hunt
Schmorfleisch, *n.* braised meat
schmücken, to deck out, adorn
schneiden, to cut
Schnurrbart, *m.* moustache
Schönheit, *f.* beauty
Schornstein, *m.* chimney
schräg, diagonally
Schreck, *m.* fright
schrecklich, horribly
schreien, to cry out
schroff, rough, harsh

Schuld, *f.* debt
Schulter, *f.* shoulder
Schuppe, *f.* scale
schütteln, to shake
schützen, to protect
Schutzzoll, *m.* duty
schwach, weak
schwärmen, to rave about
schweigsam, silent
schwelgen, to revel
Schwelle, *f.* threshold
schwellen, to swell
schwerlich, hardly
Schwiegersohn, *m.* son-in-law
Seelenruhe, *f.* quietude
Segen, *m.* blessing
Seide, *f.* silk
seitdem, since
Senfgift, *n.* mustard poison
Senfspiritus, *m.* spirit of mustard
Sicht, *f.* sight, view
Siechtum, *n.* sickliness
Silvesterabend, *m.* New Year's Eve ;
—bowle, *f.* punch on that day
Skat, *m.* a card game
Skatblock, *m.* scoring pad for skat
Skizze, *f.* sketch
so...auch), however
Sofalehne, *f.* back of a sofa
sogar, even
solid, good, firm, respectable, steady
somit, consequently
Sommerfrische, *f.* summer resort
Sonnenschirm, *m.* parasol
sonst, else, otherwise
Sorgfalt, *f.* care, attention
Span, *m.* chip, splinter
spärlich, sparse
spaßhaft, amusing
Spatz, *m.* sparrow
Spaziergang, *m.* walk
Spindenschlüssel, *m.* wardrobe key
Spionieren, *n.* playing the spy
Spitz, *m.* excitement (due to punch)

Springbrunnen, *m.* fountain
spucken, to spit, splutter
Spur, *f.* track
Stadtbahn, *f.* metropolitan railway
Stallhase, *m.* tame rabbit
Stammhalter, *m.* son and heir
Stätte, *f.* place, room
stattfinden, to take place
stattlich, distinguished
Steese = Stege, *m.* (trouser) straps
Steg, *m.* gangway
Steinkohlenrauch, *m.* coal smoke
Stelle, *f.* place, stead
stellen, kalt —, to keep in the cool,
to ice
sterben, to die
stets, always
sticken, to embroider
Stickerei, *f.* embroidery
Stickmaterial, *n.* embroidery materials
Stiefel, *m.* boot, shoe
stiften, to cause, found
stillschweigend, in silence
Stock, *m.* story
stöhnen, to groan
stören, to disturb
Strahl, *m.* jet, beam
strecken, to stretch
streichen, to spread
Streifen, *m.* strip
Streit, *m.* conflict
Strumpf, *m.* stocking
Stübchen, *n.* little room
Stuck, *m.* stucco
stülpen, to turn upside down
Stunde, *f.* hour
stürzen, to fall
süß, sweet

Tagelohn, *m.* day's pay, wages
Talerwandern, *n.* hunt the Taler
(three marks), a game

Tändesticker = Zündhölzer, matches
Tannenbaum, m. fir-tree
Taschentuch, n. handkerchief
tätig, busy
tätowieren, to tattoo
tauchen, to dive
Taufe, f. christening
teilnehmen, to share
Teller, m. plate
Theaterstück, n. play
Tiergarten, m. zoological gardens
Tod, m. death
töblich, mortally
Topf, m. pot
Topflappen, m. kettle-holder
Träne, f. tear
tränend, weeping
Traueresche, f. weeping ash
trefflich, first-rate
treiben, to drive
Treiben, n. stir, bustle
Treibhaus, n. conservatory
trennen, to divide, separate
Treppe, f. staircase
trocken, dry
trollen, reflex. to clear out
Tropfen, m. drop
trotzdem, in spite of that, never-
theless
Trübsal, f. misery
Tuch, n. rug, wrap
tüchtig, thorough, sounding
Tugend, f. virtue
Tun, n. doings
Türenzuschlagen, n. door-slamming

Übel, n. evil
übereinstimmen, to agree
überflutet, flooded
übergossen, covered with, suffused
überhaupt, especially
überlassen, to leave over, allow
Überlegung, f. consideration
überrascht, surprised

Überraschung, f. surprise
überschlagen, to skip, miss
übersiedeln, to migrate
überwerfen, reflex. to quarrel
überzeugt, convinced
üblich, customary
übrig, remaining over; im —en, in
other respects
Ufer, n. bank
Ulme, f. elm
umarmen, to embrace
umbinden, to put on, fasten round
Umgang, m. society, association,
intercourse
Umgebung, f. surroundings
umgehen, to go in turns
umhegen, to enclose, shelter
umherhopfen, to jump about,
frisk
umhin, nicht — können, not to be
able to help
umkleiden, to change one's clothes
umkommen, to perish
umschlungen, embraced
unbemerkt, unnoticed
unbenommen, permitted
unendlich, endless
unentwegt, firm
Unfriede(n), m. unrest, discord
ungemein, uncommon
ungestraft, unpunished
Unglück, n. misfortune
Unheil, n. mischief
Unflug, — spielen, to play the fool,
"make hay with"
unkontrolliert, unexamined, un-
checked
Unkosten, pl. charges, expenditure
unmittelbar, immediate
Unmut, m. ill-humour
unrecht, wrong
unruhig, unquiet, restless
Unsinn, m. folly, nonsense
unterbrechen, to interrupt, break

unterbreiten, to spread
untergraben, to undermine
unterhalten, *reflex.* to discuss, chat, converse, amuse oneself
unterschätzen, to undervalue
unterscheiden, to differ
Unterschied, *m.* difference
unterstützen, to support
unterwegs, on the way
unverschämt, impudent
unverständlich, unintelligible
unverwandt, steadfast
Üppigkeit, *f.* luxury
uzen, to tease
Uzerei, *f.* chaff

verabreden, to arrange
verabreichen, to administer
verabschieden, to discharge
Veranlassung, *f.* cause, impulse
verbergen, to hide
verbiestert, confused
Verbeugung, *f.* bow
Verborgenheit, *f.* concealment
verdienen, to earn
verdrießen, to vex
verdrießlich, cross
vereinen, to join
verfallen, to fall (a prey to)
Vergangenheit, *f.* past
vergehen, to pass
Vergißmeinnicht, *n.* forget-me-not
vergnügt, pleased
Vergnügtsein, *n.* happiness, enjoyment
Verhältnis, *n.* circumstance
Verirrung, *f.* error
Verkehr, *m.* intercourse, acquaintanceship
verkehren, to associate
verklären, to brighten
verkümmern, to spoil
verlassen, to abandon
verleben, to spend

verlegen, perplexed, at a loss
verlobt, engaged
Verlobungsfeier, *f.* celebration of an engagement
verloren, lost, at random
vermeintlich, supposed
vernünftig, prudent
verpesten, to infect
verraten, to betray
verrichten, to do, perform
versehen, provided ; *reflex.* to expect, be aware
Versehen, *n.* mistake
versetzen, to misplace, impose, infuse, obstruct
Versöhnung, *f.* reconciliation
versorgen, *reflex.* to provide oneself
versprechen, to promise
verstehen, to understand
verstimmt, out of humour
Versuch, *m.* attempt, trial
versündigen, *reflex.* — an, to sin against
Verrücktheit, *f.* anxiety, insanity
verschlafen, to sleep away
verschließen, to close, shut
Verschlimmerung, *f.* aggravation (of pain)
verschlossen, reserved
verschulden, to run into debt
verschwenden, to be lavish
Verschwendung, *f.* lavishness
verschwinden, to disappear
vertrauen, to confide
Vertrauen, *n.* trust, belief, confidence
Verwandte, *pl.* relations
verweisen, to reproach, "take up"
verzagt, despondent
verzehren, to eat, consume
verzeihen, to pardon
verzichten (auf), to give up
verzieren, to trim, decorate, adorn
vielerlei, of many kinds

Vitriol=Öl, n. oil of vitriol
vollgießen, to fill full
vorauf, in advance
vorbeihaften, to hurry past
vorhaben, to have in mind
Vorhaben, n. project
vorhalten, to charge, reproach
vorhanden, at hand
vorhergehend, preceding
vorkommen, to happen
Vorkommnis, n. event
Vorlageblatt, n. pattern
vorletzt, last but one
vornehm, distinguished, aristocratic
vornehmen, *reflex.* to decide, propose
vorfingen, *reflex.* to sing to oneself
vorfprechen, to call on
vorftellen, *reflex.* to introduce oneself
vorteilhaft, advantageous, taking, favourable
vortragen, to deliver, sing
vorübergehen, to pass by
Vorurteil, n. prejudice
Vorwurf, m. reproach
vorwurfsvoll, reproachful
vorzeigbar, presentable

wachfen, to grow
wacker, valiant
Wahlvertrauensmann, m. returning-officer
wahnfinnig, mad
wahr, true
wahrnehmen, to notice, profit by
Waldrand, m. edge of a wood
Walten, n. sway, power
wandeln, to go, wander
Wandpfeiler, m. pilaster
Wäfche, f. linen
Watte, f. cotton-wool
Wechfel, m. change, alteration
weggeblafen, blown away

Weggeriffenwerden, n. demolition
Weihnachten, *pl.* Christmas
weihnachtlich, Christmas (*adj.*)
Weihnachtsfreude, f. Christmas joy
Weihnachtsjubel, m. Christmas joy
Weihnachtskleid, n. Christmas dress
Weihnachtsonkel, m. benefactor
Weihnachtszauber, n. Christmas charm
weinen, to weep
Weife, f. way
weifen, to send
weißfchäumen, to foam
weiter, further
weiters, ohne —, without more ado
wenden, *reflex.* to turn (out)
wertvoll, valuable
Wefen, n. being, state
Wefte, f. waistcoat
widerfetzen, *reflex.* to oppose, object
widerwillig, reluctant
widmen, to devote
wiederkommen, to return
wiederfehen, to see again
wild, savage, wild
Wirkung, f. effect
Wirtfchaft, f. household
Wifchtuch, n. duster
Wiffen, n. knowledge
Wiffenfchaft, f. science, knowledge
Wochenfchrift, f. weekly journal
wohlauf, cheer up!

> Wohlauf, noch getrunken den funkeln-
> den Wein!
>
> Ade nun, ihr Lieben, gefchieden muß
> fein!
>
> Ade nun, ihr Berge, du väterlich Haus!
>
> Es treibt in die Ferne mich mächtig
> hinaus!
>
> Juvivalera, juvivalera, juvivalleralleral-
> lera!
>
> 　　　　　Studentenlied.

wohlgelungen, successful
wohlhabend, well-to-do

Wohltäter, *m.* charitable person
wohltuend, beneficial, pleasant
wohnen, to dwell
Wohnzimmer, *n.* sitting room
worauf, whereupon
Wunder, *n.* miracle
Wunsch, *m.* wish
wünschen, to wish
wütend, raging

Zacken, *m.* slight inebriation
Zahnarzt, *m.* dentist
Zahnschmerz, *m.* toothache
Zahntuch, *n.* bandage
zart, tender
Zauberwort, *n.* magic word
zeichnen, to mark
Zeile, *f.* line
Zeit, *f.* time; seiner —, in its day
zeitraubend, time-stealing, wearisome
Zeitung, *f.* newspaper
zerreißen, to tear in bits
zerstören, to destroy
zerstreuen, to divert; *reflex.* to scatter
zerzausen, to rumple, pull about
Zeug, *n.* stuff clothes
ziehen, to draw, shoot, move, bring up
ziemlich, fairly, pretty
Zimmerzierde, *f.* ornament of a room

zublinzeln, to wink, smirk
zuerst, first
Zufall, *m.* chance
zufliehen, to flee towards
zufrieden, contented
Zug, *m.* draught, drawing, passage, train, course
zugeben, to allow
zugegen, present
zugehen, to go on, pass
Zügel, *m.* rein
zugeschwollen, swollen up
zujubeln, to hail
Zukunft, *f.* future
zukünftig, future (*adj.*)
zuletzt, at last
zumal, especially as
zupaß, opportune
zureden, to persuade
zurichten, to maltreat
zusammen, together
zusammenbrechen, to collapse
Zusammensein, *n.* union, accord, companionship
zusehends, visibly
zustande, — kommen, to succeed, arise
Zutrauen, *n.* trust
Zweck, *m.* purpose
Zwieback, *m.* biscuit
Zwietracht, *f.* dissension
Zwist, *m.* discord

Printed in the United States
By Bookmasters